家庭關係 × 職場人際 × 生活哲學，
以柔情灌溉蒼白的心田，
拯救

25種溫柔表述

揮別遺憾的過往

(Orison Marden)
奧里森·馬登 —— 著　崔曉翠 —— 譯

LOVE'S WAY

物質生活逐漸富裕，人心的間隔愈發遙遠；
孤寂的靈魂擦身而過，卻被世俗規範所束縛。

一份來自十九世紀末的「愛的邀請」，
教你重新創造生命奇蹟！

目錄

目錄

目錄

第一章　一份來自愛的邀請

我們來假設這樣一種情況：你的生命正因病痛的折磨而慢慢枯萎，一位醫生站在你面前宣布你罹患了「不治之症」。這時，一位名醫出現並宣稱這世上沒有所謂的「不治之症」，他能醫治你的病，能治癒所有遭受病痛折磨的人，只要你願意到他那裡去。

我所說的問題是，難道你不想去嗎？

「來吧，所有勞苦、背負重擔的人都到我這裡來！我要讓你們得到安息。」不知你可曾意識到你擁有來自一位全能者的私人邀請，這位全能者能幫你擺脫所有身體上、精神上的痛苦，幫你解決你的所有問題和困難。

那麼，就請你接受這份來自神醫「愛」的私人請柬的邀請吧！你會因此獲得意想不到的安寧，你的憂愁困苦將如陽光下的冰雪般消融。

「來吧，所有勞苦、背負重擔的人都到我這裡來！我要讓你們得到安息。」這正是「神之愛」的聲音，它正召喚我們。此刻的你是否正遭受疾病的痛苦、可怕的貧窮、失意的打擊、不公正的待遇、值得或不值得的羞辱——以及任何讓這個世界充滿痛苦和不幸的種種折磨？那麼請聽「愛」的召喚吧，接受那神聖的邀請，體會現代思想給予這份內涵——

「來吧，所有勞苦、背負重擔的人都到我這裡來！我要使你們從勞作的苦役中解脫出來，我會為你們增添新的活力；我要讓你們用工作中的喜樂和熱愛代替勞苦愁煩；我要使你們轉過身面向光，把陰影拋到身後。」

「到我這裡來，我要給你們安息，解除奴役你們的恐懼的夢魘。我要把你們從憂慮惶恐中解脫出來，它們阻礙了你們，本來你們可以變成巨人，現在卻成了矮子。我要帶走你們的恐懼，對死亡的恐懼，對病患、對遺傳疾病，以及所有讓你們飽受折磨的恐懼。」

「來吧，所有不快樂的人都到我這裡來！我要使你們獲得歡樂。無論什麼使你們眼前一片灰暗，給你們生活帶來煩惱，到我這裡來，我要使你們獲得安息。我要滿足你們的夢想、你們心靈的渴望，我要讓你們看到自己的光芒。」

「來吧，所有遭受挫折，對生活失望的人都到我這裡來！我要指示你們如何戰勝挫折與失敗，如何利用你們的力量發憤圖強。」

「來吧，所有生活拙劣的人都到我這裡來！我要指示你們如何取得成功，我要告訴你們：你們本來就是成功的、技藝高超的。誰擁有了正確的想法和態度，誰意識到自己的力量，誰就能從錯誤和失敗中重新站立起來。」

「來吧，所有被生活打垮、精神沮喪的人都到我這裡來！我要給你們真理，那真理可以衝破所有貧窮、失敗以及肉體的局限，讓你們看見成功和勝利的姿態。」

「來吧，所有理想破滅、雄心枯萎的人都到我這裡來！我要使你們復活，我要把你們帶回盛年時的光明與夢想之中。」

「到我這裡來，那些因身體的虛弱或殘疾而不能做自己想做的事的人！我要指示你們如何保持健康，讓自己身體強壯，你們絕不會生病、虛弱、痛苦，除非產生了錯誤的想法。你們的身體、你們的存在是神聖的，因此你們不可能遭受痛苦和失敗，這是真理。」

「到我這裡來，所有失魂落魄，在黑暗中徘徊的人！我要給你們注入新的活力，在你們前行的路上點亮一盞新燈；我要讓你們的靈魂充滿榮耀、充滿光，那光是在陸地和海洋都未曾見過的。」

「到我這裡來，所有孤獨無助的人！我要讓你們的生活充滿新的趣味、新的友誼，而且永不言棄、永不厭倦。」

「到我這裡來，所有膽怯、自卑的人！我要指示你們如何擺脫這些弱點，如何消除所有的缺陷。它們壓抑了你們的自我表達，剝奪了你們的力量和喜樂，阻礙了你們展示自我、完善自我的努力。」

「到我這裡來，所有憂慮恐懼的人！我要給你們開出治病良方。我要指示你們，你們沒有意識到自己的偉大，也不知道自己擁有怎樣的力量，正是這無知使你們白白地擔憂，成了懦夫、可憐蟲；要知道，所有信我、到我這裡來的，都無所憂慮、無所畏懼。」

「到我這裡來，所有爭吵打鬥、誹謗憎恨的人，所有受嫉妒、憎惡、忌恨折磨的人！我要指示你們，其實你們都是兄弟，一家人不能爭來鬥去，而嫉妒、憎恨、傷害，最終傷害的無不是你們自己。」

「到我這裡來，所有貪婪自私的人！我要給予你們一個更好的方式，它能讓你們獲得比貪婪更好的回報，比自私自利更大的滿足；我要讓你們為自私自利而感到羞愧，進而憎恨它。當你們的兄弟姐妹們饑寒交迫，你們會為自己生活奢侈而痛心。」

「到我這裡來，所有優柔寡斷的人！我要指示你們，如何增強你們的意志，克服猶豫不決、搖擺不定的心理。」

「到我這裡來，所有禁不住誘惑而鑄下大錯、而被社會懲罰的人！我要把你們的靈魂洗刷得比雪更白；我要指示你們無論你們曾經做了什麼，還可以痛改前非、重新做人；我要讓你們明白造物主的形象依然完好，從未被玷汙和損傷，事實上今天的你們和以前一樣完美、純潔和真實。」

「到我這裡來，所有被惡習奴役的人！這些惡習像黑影一樣籠罩著你們的生活，使你們希望落空、雄心受挫、遠離幸福。我要指引你們，擺脫這些正在摧殘你們的東西，擺脫所有的惡習——不節制、不檢點、說謊、不誠實、賭博、吸毒，還有那些阻止上帝旨意且發生在你們身上的事情。」

「到我這裡來，所有卑微、無家可歸、一文不名、孤苦無依和被社會所拋棄的人！我要指示你們正生活在天堂般的世界裡面，有比死而復活更大的奇蹟正在你們周圍不斷發生，有無盡的財富蘊藏在你們身上。你們的富有超乎你們的想像，你們的財富永遠不會失去，因為那是神的寶藏。」

愛是提升這個世界的偉大動力。對於那些生活得不幸福，抓不住機遇，因無知、犯罪或其他不幸因素而生活落魄的人來說，沒有什麼比愛更能吸引他們了。愛不責難、不批評、不評判、不懲罰、不摒棄、不排外，那些不是愛的方式。對於最壞的罪犯、最墮落的罪人，它只是說：「去吧！別再犯罪」——這是它僅有的責難。

請再次傾聽這份愛的方式——

「愛你們的仇敵吧！為詛咒你們的人祝福。」

「讓從沒有犯過罪的人扔第一塊石頭吧！」在這個世界上，沒有人不會扔石頭，因為沒有人從未犯罪，也沒有人不像他的鄰人一樣，不幸地擁有這樣的弱點。

愛是一種力量，在這個宇宙唯有它可以這樣說——

「我是使文明成為可能的神奇力量。我把人類從猿人時代引領到現在的發展階段，我將把人類引領到夢想不到的高度。」

「我是一種力量，使脾氣、天性各異的人們和諧地生活在一起，家因此而變得美麗，猶如地球上的天堂。」

「我是一種動力，使男人發現真實的自己，使他從一個粗魯無知的人變為一個溫柔、有愛心、有同情心的丈夫和父親。」

「我是一種精神，進入那些大公司企業，使它們更潔淨、更明亮、更健康，更適合工作及生活；正是這種精神使員工們更快樂、更有效率、更滿足。」

「我是改變人類精神的酵母，是黃金法則的理想，使過去的敵人成為兄弟，使博愛這個偉大理想的實現更近一步。」

「我是一種力量，給那些身體有缺陷的身障兒童舒適和歡樂，在以前他們或被扔到荒郊野外聽天由命，或死於無人看管和飢餓。」

「我是一種力量，建立起孤兒院、精神病醫院，為老年人、需要照顧的人和無助的又無法表達的動物建立起養護中心。」

「我在地上的使命是幫助和醫治每一個上帝的孩子，提升他們，給他們帶來歡樂、舒適和喜樂。我是那好心的撒馬利亞人，幫人醫治傷口，而自私、硬心腸的人則冷淡地離開；我是紅十字會、救世軍和所有慈善組織背後的精神。我是為了讓世界更美好、為了讓人類更高尚而發起的運動背後的力量。」

「我是進步的基本原則，解放的真理。」

「我是一種鼓舞，在人深受誘惑時讓人遠離怯懦，在人退縮時振奮人心。我尤其受到窮困潦倒、灰心失望、平庸無能之人的喜愛。我是卑微者、被忽視者和絕望者的朋友。我為他們帶來新的希望、新的勇氣和新的生命。」

「我是一種力量，解放了世界各國的奴隸，解放了所有人的良知和思想。我賦予人性給鐵石心腸、奴役員工的老闆，除去他自私自利攫取的貪婪，向他指示所有人都是兄弟。我也顯示給你們，你的鄰居是你自己，因此你們要像愛自己那樣愛你們的鄰居。」

「我能解除痛苦和失望，我能彌補受傷的心靈，為洩氣者加油，為失望者鼓掌。」

「別人詛咒，我祝福；別人恨，我愛；別人記得並譴責，我忘掉並原諒。別人抗爭我屈服；別人帶給自己快樂，我帶給別人快樂。因為我沒有嫉妒與貪圖。憤怒、憎恨、痛苦、妒忌、羨慕和不滿從不在我面前有片刻停留，因為我把一切與我相斥的化為烏有。」

「我是世界歷史上偉大的奇蹟創造者。我使理想昇華，讓生活脫離骯髒、汙穢，催促人們去做、去實現，而不是擁有和儲存。」

「我是那善意的力量，能轉變爭吵妒忌的鄰居，讓他們像兄弟姐妹那樣生活在一起。我治癒家庭不和、嫉妒和憎恨。我使爭論不休、難以調和的夥伴成為朋友。我消除惡語中傷的毒刺，拔掉侮辱的利劍，熄滅憤怒的火焰。我治癒一切痛苦、惡意和憎恨的傷口。」

「我住在神祕的至高處，我是為各民族療傷的香膏。我使母親在她任性妄為的兒子身上看到，他兒子不是罪犯，而是依然在實現他的計畫的人。當世人都譴責罪犯，我喊停，並說：『等等，在這人身上某處還有上帝的影子。』」

「我是犯人的慰藉，我拜訪他的牢房，救他脫離絕望；我照亮所有犯人心中的黑暗，減輕其悲傷，給予落魄者希望；我恢復他們的勇氣和重新開始的決心。」

我是上帝的聲音，向他的孩子們呼喊：「到我這裡來，所有灰心絕望的人！我要讓你們過全新的生活。我要恢復你們失去的信心和夢想。我是所有接受我邀請者的救星。」

「我是那神祕的使者，從你出生起，便被派來作為你的顧問、保護者、嚮導和朋友，伴隨你一生。如果你偏離我，在生活的道路上迷失了方向，不要緊，回來，我會給你力量重新再來，實現上帝對你的計畫。我絕不讓你失望。」

我要指示你們：「人的神性是超越貧窮、失敗及任何恥辱與罪過的；它無始無終，天上人間也沒有任何一種權勢能把它從人們身上帶走、玷汙或傷害它，因為人們心中的上帝是免於任何災難和不幸的。它是不可戰勝的。」

「來吧，所有勞苦、背負重擔的人都到我這裡來！我要給你們靈魂所渴望的安寧。」

第二章　嘗試愛的方式

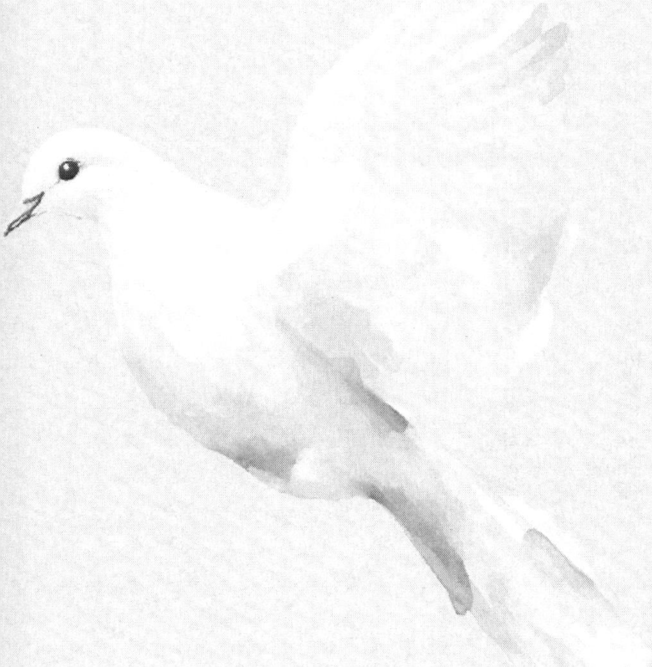

一位曾用愛的方式解決生活難題的人說：「我發現它很有魔力，它能阻止罪惡、疾病和不幸；它能帶來健康和生機。」

我們如果生活在任何一種不和諧的生活中，只要嘗試一下愛的方式，哪怕是在很短的一段時間，我們也絕不會回到原來的生活方式中。這個世上沒有人願意過那種嫉妒擔憂、求全責備、使喚他人的生活。

既然這樣，我們為何不嘗試一下呢？

多年來深受壞脾氣、擔心憂慮、憎恨和惡意折磨的你正過著無異於自殺的生活，我們為何不拋開那一切，轉而嘗試一下愛的方式呢？

如果你家庭生活痛苦不幸；如果你們夫妻不和，時常爭吵；如果你體會不到安寧和慰藉，那麼，請你嘗試一下愛的方式。愛會撫平你的皺紋；愛會為你家注入從未有過的活力；愛讓你的眼睛發出新的光亮，讓你的心裡充滿新的喜樂和希望。愛不會讓你失望的。

你是否過著孤獨空虛的生活，抑或對生活已不抱有任何幻想？你懷疑一切、悲觀失望，你過著自私貪婪、煩躁憂慮的生活，你的生活充滿了恐懼、嫉妒和各式各樣的不和諧，如果是這樣，為什麼不試試愛的方式呢？

除了愛，其他任何方式都不會帶來幸福。自私的方式終會失敗，因為它與永恆的原則不相符；而愛的方式則不同，它與一切真實與美麗的事物和諧一致，它會瓦解你所有的咆哮，解決你所有的問題。請相信愛的方式總會成功的。

對那些一直以來生活在痛苦失望中的人們；對所有烙印著爭吵的傷疤和痕跡的人們；對於生活備受打擊，從未享受安寧、和諧和甜蜜的人們，有一個更好的方式可以解決你們所面臨的每一次麻煩、每一場痛楚和每一個難題，這就是愛的方式。

那些母親在撫養孩子的過程中，由於經常使用責備、嘮叨、懲罰、強迫的方法使她們的身心疲憊、提早衰老。試一下用愛的方式來解決吧！愛的方式能更快更好地轉變孩子，使孩子成為溫順、禮貌的人，並發掘出他們最好、最高貴的天性。你會因而驚訝地發現，他們對你有求必應。

人都有某種反抗被驅使和被強迫的天性。如果你以前曾試圖強迫你的孩子，那麼請你放棄它，嘗試新的方法——愛的方式。看它能不能在你的家裡創造奇蹟；看它能不能使你的家庭機器運轉得更順暢；看它能不能奇妙地消除你的緊張。試驗一次愛的方式吧！

在強迫中工作，在強迫中順從，從不會帶來好的結果。我認識一個人，他總想按他的方式來規範所有人和一切事物。他想讓每個人都聽從他的想法，按他的原則去做事，結果他不但把自己搞得很疲憊，也把其他人弄得很緊張。就連他的孩子們也害怕他回家，因為無論他們做什麼在他看來總是錯的，因為他的狹隘和霸道使家裡所有人，包括他自己痛苦萬分。

在工作上也是如此，什麼事都不合他的心意，於是他不斷地抱怨、挑剔、嘮嘮叨叨，讓雇員們沮喪。他不知道，其實一點點鼓勵和讚揚就能使雇員們做得更好。雇員們已經對他的苛責習以為常，這樣一來，只會令他們反感和不舒服，對工作的發展發揮不了任何效果。

所有這些對心靈和諧具有破壞性的習慣，像是試圖控制別人，對別人發號施令；試圖讓人凡事遵循我們的方法；不停地用「不要」、「不准」、「必須」監督著孩子；試圖迫使我們的伴侶、同事、雇員按我們的想法做事；駁斥、責罵、強求一致等等，這樣只會消耗你的精力，毀壞你的性情，讓所有接觸你的人與你對立。

而採用愛的方式則與之截然相反。它廣博而慷慨、公正而坦蕩；它尊重他人的權利和情感。愛不是透過不停地提醒和挑剔設法讓人改正缺陷、改變不如人意之處；愛只是抵消了它們。愛驅逐了人性中的缺陷和劣質，就像百葉窗開啟的瞬間，陽光把黑暗逐出房間一樣。

如果你的家裡失和，你會驚訝地發現，愛的方式能夠如此迅速地驅逐黑暗、並帶來和諧之光。愛的方式神奇地改變你的家庭氣氛，和諧將取代對抗，迅速為你家裡帶來新的活力，讓同情與關心取代責備與嘮叨，你的家庭因此而發生轉變。其實，不時地給予慷慨大度、全心全意、毫不吝嗇的讚揚，就像給吱吱作響的機器注入潤滑油，其作用將會非常驚人。

那些在家裡作威作福、壓制欺侮自己妻兒的男人們，嘗試愛的方式吧！你很清楚以往粗暴的方式並沒有給你帶來幸福和滿足；你也一直對此感到失望。為何不試試新的方法，嘗試愛的方式呢？它是靈丹妙藥，它正在影響著世界。

求全責備的家庭主婦們，嘗試愛的方式吧！不要從早到晚地煩躁不安、牢騷滿腹。當保姆在客人面前打碎了一隻瓷器，不要劈頭蓋臉地一頓責罵，試著換位思考，理解她的尷尬不安，輕鬆地讓這不愉快過去，然後私下溫和地提醒她注意。這樣，她以後會更加小心。如果洗衣工送回的床單不夠乾淨，或者沒有洗得比上次好，不要訓斥她。苛責只會令她悶悶不樂，善意和溫柔的話語更能打動她。

那些從未得到過他人的真誠幫助、被雇員蓄意破壞和被消極怠工逼得發瘋的人們；在與不誠實和低效率的抗爭中備受折磨、因為試圖以惡治惡而未老先衰的人們，嘗試愛的方式吧！

所有被日常工作中所遇到的各種衝突紛爭、討價還價和艱難困苦折磨得精疲力竭的人們，嘗試愛的方式吧！它會為你的店鋪、工廠或辦公室帶來新鮮的活力。無論你從事什麼，無論你遇到什麼樣的困難，愛總會奇蹟般地為你掃除障礙、解除痛苦。

在紐約靠近格蘭特總統的陵墓，俯瞰哈德遜河的懸崖峭壁上，你會看見一個小小的大理石碑，這個大理石碑已經立在那一百多年了。它是為一個溫柔善良、人見人愛的四歲孩子豎立的。石碑上簡單地刻著幾個字：「一個親切友好的孩子。」這就是小生命全部的故事，它是愛的方式的美麗詮釋，因為愛總是親切友好的。

愛的方式包含了一切美麗、善良、乾淨、真實的東西，一切值得擁有的東西。它沒有悔恨，也不留下遺憾；它純潔得就像那孩童的生命。愛的行為總會得到靈魂的認可；愛的方式引領我們走向正確的路，因為它是神的方式。

盡情嘗試愛的方式吧！它蘊含著幸福的真諦。

第三章　世界上最偉大的事情

愛是地球上最美麗的事情，也是每個人都曾經熱切盼望過的——這是古往今來人類的共同心聲。正如亨利．沃德．比徹（Henry Ward Beecher）所說：「它是世上生命的河流。當你站在叮噹作響的小溪邊的時候，你不知道愛是什麼；只有當你穿過奔流不息的巨石峽谷；只有當你穿越草原，河面寬廣到足以承載整個艦隊，最後來到深不可測的海洋，把你的一切財富注入到深深的洋底，只有到那時你才知道什麼是愛。」

我曾在某處讀到過一個故事：陽光聽說地球上有些地方陰鬱、漆黑，極其可怕。因此，它決心找到它們，於是便以光速開始了它的旅程。它尋遍深山洞穴、幽暗的住所、幽深的小徑，甚至黑漆漆的地窖。它到處探尋，想看看黑暗到底什麼樣。最終它也沒有找到黑暗，因為它到哪裡就把光帶到哪裡。它訪問的每一個地方，無論以前多麼陰鬱黑暗，都因它的出現而明亮了起來。

愛像太陽一樣，能溫暖它所觸摸的一切。太陽是愛的美好象徵。它公平無私，不偏不倚。它把歡快活潑的光照進宮殿，也照進茅屋、監牢；它照耀身處高位的君主，也照耀罪犯和衣衫襤褸、匍匐於地的窮人。它不分貧富貴賤，照耀好人也照耀壞人，它不問這是誰家的糧食、誰家的馬鈴薯、誰家的玫瑰、誰家的房子；它不問我們的種族、原則、政治和宗教信仰。它照耀好的與壞的、可信的與不可信的；它照耀所有民族與種族，無論你是白皮膚、黑皮膚、棕皮膚還是黃皮膚。它對任何人都沒有憎惡與偏見；它只是把光灑向它能到達的任何角落，哪怕是毒氣瀰漫的沼澤、汙穢不堪的溝壑、最令人鄙視的生靈逡巡之地——它把光、美與歡樂毫不吝惜地灑向各地。

陽光讓花朵盡情綻放，釋放出所有的美麗、色彩與芳香。愛能激發我們內心最好的一面，因為高貴的情感，高尚的理想皆傾心於它。真愛能提升、純淨、強健其所觸摸的每一個心靈，關注我們最好的一面。真愛拋卻了我們的軟弱、罪惡、自卑，看到我們內心有待發掘的神性，它釋放了我們深藏於內、難以發覺的神奇力量。

當一個人因破產或犯罪而變得一無所有，生活充滿了痛苦，他轉向愛，便找到了避難所，因為「愛永不言棄」。愛永遠不離棄我們，就像母愛不會離開犯錯的孩子一樣。一個孩子跌落得再深也深不過母愛。同樣，一個成人犯的錯再大也不會超越愛的救贖。愛可彌補一切過錯。

母親不問「哪個是我的最愛」，她把愛全部傾注到每一個孩子身上，她愛所有的孩子。如果說有什麼區別，只能說她把最多的愛給了最需要的那一個——最虛弱的、身體有殘疾、有缺陷的。

愛的快樂在於幫助不幸、扶起跌倒的人們。當麻煩到來，順境中的朋友拋棄了你；當生意遭到慘敗；當你犯下致命的錯誤，社會對你關上大門；當一切都已失敗，所有人離你而去，請記住，愛來了，它就站在你身邊，在你的傷口塗上藥膏，幫助你重新站起來。

愛不評判、不譴責，它總是為那些偏離了生活道路的人們求情。它說：「不要定那可憐人的罪，在他身上某處有上帝的影子。」它還對那墮落的女人說：「我也不會定妳的罪。去吧，別再犯罪。」

愛在歷史上演繹著一幕幕偉大的奇蹟。我們都看到過它如何轉變了一個個粗俗無知又殘酷無情的生命。一位年輕人在生活即將毀掉的時候，愛上了一位美麗善良的女孩，女孩也愛上了他。因為愛，在極短的時間內使他的生活有了改善，這就是愛的動力——他逐漸改掉了惡習，變成了一個新人。

當其他方式均以失敗告終，愛便會取得勝利。因為愛能觸摸到難以企及的生命之泉。愛有直覺力，因為它有同情心。只有愛引導的靈魂才能直達內心深處。愛一次又一次轉變邪惡的本性，消滅野蠻和殘忍，呼喚人們內心最高尚優秀的品格。在這世上，沒有什麼能抵禦愛的力量，沒有什麼能破壞它。就算貧窮、疏忽和羞辱也都憾動不了它、削弱不了它；就算不知感恩的子女也無法熄滅母親心中愛的火焰；就算醉醺醺的酒鬼也無法把它從愛妻心中抹去。

愛是監獄裡的奇蹟創造者；愛是戰場上的守護天使。愛的代表——紅十字會在戰場上為作戰雙方的傷患包紮傷口，向我們顯示著上帝之愛的含義。無論對與錯，無論立場如何，愛不分國籍，只把所有受傷垂死的士兵看成上帝的孩子。

恐懼是人類最大的詛咒，比其他事情帶給人的痛苦更大，只有愛能征服它。愛是恐懼的解藥，它能消除恐懼。別人詛咒，愛則祝福；別人忘卻，愛則牢記；別人譴責，愛則原諒；別人把持，愛則給予。

愛拔除了失望悲傷的毒刺；愛使聲音悅耳、腳步輕快；愛使最普通的工作變得重要而美麗；愛讓家裡縈繞健康的氣息；愛給人前進的翅膀和動力。愛無所不能。

愛開啟心智、打開心靈，愛使生活豐富、催人奮進；是愛讓社會凝聚在一起。唯一能講世界上所有語言、為所有人所理解的；唯一能讓目不識丁、連自己名字都不會寫的人看得懂的，就是愛。兩個講不同語言的人在地球的某地相遇，儘管他們聽不懂對方的話，卻能讀懂愛的語言。唯有愛能擺脫生活的困苦、勞動的艱辛、疼痛的折磨、貧窮的剝奪。

沒有任何一種生活體驗能比愛與被愛帶給我們更大的幸福與滿足。這世上還有什麼能比給予快樂給愛我們的人更重要呢？人都是需要愛的，你給予多少，就會收穫多少。愛是孿生的，需要與別人分享。愛不自私、不嫉妒、不巧取和貪婪。在生意場上，愛總會顧念對方。愛公平、公正，不貪人便宜、不傷害別人。愛總是慷慨、友善、樂於助人的。

亨利．杜蒙德（Henry Drummond）在他無與倫比的小書《世界上最偉大的事情》（*The Greatest Thing in the World*）中，分析了愛的光譜。他寫道：「保羅告訴我們，愛是一種混合物。就像你們看過科學家能透過三稜鏡，將一束光在鏡子的另一端呈現出紅、藍、黃、橙等各種彩虹色，保羅把愛透過他智慧的三稜鏡，讓我們在另一端看到了它的組成部分。」

「愛的光譜或愛的分析，你能看出它的成分嗎？你有沒有注意到它們都是些普通的名字，是任何人都能在生活中做到的事情？然而正是這無數細小而普通的美德構成了那最偉大的愛。堅忍－愛能恆久忍耐。仁慈－愛是仁慈的。大度－愛不嫉妒。謙卑－愛不自誇，不驕傲。禮貌－愛不做魯莽的事。無私－愛不自私。溫柔－愛不輕易動怒。公義－愛不狡詐。真誠－愛不喜歡不義，只喜愛真理。」

杜蒙德說：「在《哥林多前書》中，保羅的第十三章是最偉大的愛的詩篇。」當他給麻塞諸塞州諾斯菲爾德的學生們講學的時候問道：「你們中有多少人願意在以後的三個月裡每週一次跟我一起閱讀這章？有人曾這樣做並因此改變了他的一生。你們願意嗎？願意嗎？」

就連亨利．杜蒙德也如此強調這個只有短短十三個詩節的章節。如果有人這樣做，並每天心領神會地重複，他的生活毫無疑問地，會發生天翻地覆的變化。

第四章　讓生活成為一首歌

在紐約聖安德魯斯衛理公會教會的一次研討會上，牧師向大家徵詢預防城市各種誘惑的最佳辦法。在眾多名人寫的答案中，亨麗愛塔．克羅斯曼（Henrietta Crosman）給出了最佳答案——「承認上帝作為隨時都實用的幫助」。

我們中有多少人生活在痛苦之中，不停地抱怨環境、工作、鄰居和各種狀況，因為我們沒有在一切事情上承認上帝的存在！

如果克羅斯曼小姐的建議被採納，被那些在大城市的誘惑中掙扎的年輕人，以及所有不分年齡、城鄉背景的人們，都可以從中受益，避免許多痛苦。這樣一來，我們都會更加幸福！

很多人總是難以和周圍環境協調，他們把大量的時間和精力用來自尋煩惱，做毫無意義的抵抗，而不是用來改善環境。我認識一個女人，她總是詆毀她住的小鎮和鎮上的人們。她從不與他們為伍，她總覺得自己高人一等；她總覺得自己與周圍的環境難以調和；她說在這樣一個充斥著墮落的人們、沒有任何理想的地方撫養孩子是她的恥辱。當然，她過得不滿足、不幸福。

其實，問題不在於小鎮，而在這個女人。她對待鄰居的心態不正確。她沒有愛心。她以前住過的幾個地方，居民都覺得很好，但她仍然跟現在一樣不快樂。

和許多人一樣，這個女人不滿的根源在於她小小的野心。她是一個野心家，總想著如何進入上流社會，在那裡，那些人擁有比她更多的金錢，因為她永遠也趕不上他們，於是她就怨恨這個地方和與她同階級的人，弄得自己和家人都非常痛苦。她覺得自己高人一等，而我們都知道一個自命不凡的女人會受到鄰居何種待遇。鄰居自然都不喜歡她，並用各種不愉快的方式表達他們的厭惡。

無論我們待在什麼樣的環境裡，我們都該努力使自己與環境和諧起來，以便順暢地工作，避免衝突使得自己精疲力竭。人與人之間的摩擦就像精密機器裡裏進了一粒沙，它大大地增加了機器的磨損。

如果你是一個煩躁的人、擔憂的人、一個悲觀主義者，你就是在屈從於不幸的環境中，成了這個世界上無足輕重的人。如果你身處艱苦環境依然興致勃勃，充滿希望和樂觀主義，無論環境多惡劣，你都不會失敗。承認周圍環境的存在，你就已經是贏家了。

懷著對立和悲觀的心態，誰也不會幸福或做好工作。悲觀主義者就是吹毛求疵的人。吹毛求疵的人總是破壞者，不是建設者。唯有樂觀主義者才是懷有正確態度的建設者，樂觀的心態有助於改善環境、吸引別人的同情和幫助。

如果你覺得工作或環境不如意，請立刻著手改變，找一個更適合自己的工作或更好的環境。對立、擔憂、吹毛求疵只會令情況更糟，你可能連現有的環境都保不住，反而被降到更低賤、更不愉快的環境中去。

如果你在煩躁不安、怒氣沖沖，對環境、鄰居、工作吹毛求疵中度過一生，那你就是在推開你想要吸引的東西。改變環境的做法就是與之交朋友，要知道，不抵抗原則有助於節約生命力、保存能量儲備，所以請你不輕易浪費它們。

我最近在某個地方看到下面兩行詩句，令我印象深刻：

我的生活不是一場戰鬥，

我的生活是一首歌。

這兩行詩表現了兩種生活態度的巨大差別。一種人嫌棄生活，總是抱怨命運，視工作為刑罰；另一種人無論發生了什麼，都唱著歌，樂觀地對待生活，在工作中發現快樂。

樂觀主義者讓生活成為一首詩、一首歌；悲觀主義者在同樣的物質條件下，讓生活變得像一篇枯燥乏味的散文。

我們從生活中得到什麼取決於我們如何看待生活。我們的心態決定了我們是快樂還是痛苦，是把生活變成了樂曲還是不和諧的音符。

有些人總是按在錯誤的鍵上，即便用了最好的樂器，也只能彈出不和諧的音符。他們彈出的所有曲子都是陰沉的小調，他們所有的畫面都以陰影為主色調，在他們身上找不到輕鬆、明快和美好。他們的外表總是陰沉沉的；世道總是艱難；錢總是不夠花。生活中一切都在收縮，沒有什麼不斷發展、成長壯大的事情。

而對另一些人來說，事情正好相反。他們不是投下陰影，而是向四周輻射陽光。他們觸摸的每一朵花蕾都舒展花瓣，盡情綻放出芳香與美麗。他們每次接近你，無不使你歡喜；他們每次與你講話，無不給你激勵。他們一路走著，散播鮮花。他們有神奇的煉金術，把散文變成詩歌，把醜陋變成美麗，把不和諧的音符變成優美的旋律。他們看見別人最好的一面，說著對人有益、令人愉快的話語。

有的人把靈魂投入到最平凡的工作中，由於靈魂的參與，使得平凡的工作得到提升、變得體面、尊嚴，並散發著美麗；而有的人則把最崇高、最體面的職業視為刑罰，使最偉大的事業顯得了無生趣。

有些女人儘管家徒四壁，但由於她渾身散發著如此的喜悅、慰藉與美麗，使她的家變成了宮殿。她們以從未見過的光芒，來照亮這個貧窮的家，使它閃閃發光。她們用愛的甜蜜之光轉變著、裝飾著最卑微和平凡的環境；而另一些女人，即使給她一百萬，也打造不出一個令人愉快的家。在那精美的掛毯和昂貴的藝術品之間，瀰漫著不和諧的氣氛，缺少明快與愉悅，而這明快與愉悅是來自一種優雅品味、一種與萬物適切合宜之感、一顆因愛而溫暖跳動的心。

一個以正確的態度面對生活，一個樂觀、充滿希望，由於對父神的信念而總是期待最好的事情發生在他的身上的人，他的能力將得到極大的提升，他的心態將使他的聰明才智得到淋漓盡致的發揮；悲觀主義者卻封閉了天性，而不是讓它盡情釋放。他的消極心態極大地降低了他的創造力。只要我們發揮作為全能父神的孩子本應具有的積極樂觀的精神，我們將會百倍地增加效率，把生活中的不愉快降到最低。

也就是說，如果心態正確，最瑣碎的事情、最簡單的行為和責任都會變得美麗；如果心態不對，生活中就沒有什麼真實、美好或令人振奮的事情了。

我們一半的困苦來自於我們陰鬱的外表，來自於憂慮不好的事情發生。我們遇到的百分之九十的人看起來好像剛從葬禮回來，而不是奔向人生的喜樂盛宴。憂慮懼怕、杞人憂天的習慣摧毀了我們心態的和諧與幸福，從而毀壞了我們的健康和效率。

不知道你有沒有注意到，你一天之中使用多少次「我恐怕」、「我擔心」這樣的字眼？我們之中有許多人習慣說這種話，他們從未意識到這種話對心靈造成的傷害。我曾試圖記下我一個悲觀的朋友在一天之中說這話的次數。我並沒有跟他一整天，卻記錄了這麼多的例子：早上見到他的時候，他說：「你知道嗎？恐怕今年冬天會很冷，我擔心會影響到我們的生意。」過了一會兒，他又說：「恐怕我們與墨西哥會有大麻煩。」轉到家庭話題的時候，他又說：「我擔心我那在外上學的兒子要學壞。恐怕我的孩子們都會出問題。」

那天我和他一起吃午飯，他坐下來後，說的第一句話就是：「我害怕吃這些東西，我有消化不良的症狀。事實上，我覺得糟透了。我幾乎不敢吃任何東西了。」在整個吃飯過程中，他不停地訴說那樣的恐懼。那天就聽到他說『我恐怕』至少二十五次。」

如此悲觀的話語，幾乎沒有人不在一天之中說上兩三次，也許更多。但沒有多少人意識到自己每次說「我恐怕」，都是在坦言自己缺乏信心，在削弱自己對戰勝恐懼的信念。每次我們說害怕貧窮、害怕疾病、害怕環境、害怕這個害怕那個，我們都是在破壞我們的自信心，破壞我們抵抗疾病的力量。我們都在為心智注入一種毒藥，影響我們的健康和效率。

讓我們放棄做那些明知道會傷害我們的事情；讓我們放棄懼怕，放棄悲觀，不再做一個認為人生之路通向荊棘叢林的悲觀主義者；讓我們以樂觀主義者的態度看待生活，把生活看成通向天堂般的上帝應許之地；讓我們在一切事情中承認上帝的存在，並說：「我的生活不是一場戰鬥，我的生活是一首歌。」

第五章　博愛之夢

在古羅馬時代，主婦們常常帶著針線來到圓形競技場，坐在那一邊閒聊，一邊看著早期的基督徒殉道者們被扔進競技場，與那些被餓了幾天以增其凶殘野性的野獸進行殊死搏鬥。

小孩子也常被帶去觀看這些可怕的景象，當看到那些基督徒痛苦地翻滾、被野獸撕成碎片的時候，孩子們會高興得拍手，母親們也同樣愉快地在旁觀看。

尼祿常叫人把基督徒塗滿柏油點燃，火把將金碧輝煌的宮殿前的湖水照亮。把殘疾或生病的嬰孩扔到荒郊野外餓死或被野獸吃掉是很常見的做法，就連體弱多病的老者也會受到同樣的對待。

那以基督教的名義而掀起的迫害呢？儘管強大的羅馬帝國傾盡全力予以鎮壓，基督教徒們仍繼續實踐著基督的任務——堅持主張愛的福音。儘管有迫害、有折磨和死亡，基督教教義的酵母依然在緩慢又確實地作用著，直到當時的羅馬變成了基督教的中心。如今，到處都是當年留下的最珍貴的歷史遺跡。

與戰爭罪惡並肩存在的是愛的酵母，它依然在發揮作用。一位曾經在歐洲戰場打過仗的人說：「在戰場上，你能看見敞開的地獄之門，但同時也能看見天堂。那種英雄主義、那種忍耐、那種自我奉獻、痛苦下的樂觀情緒，以及不顧一切挽救戰友生命的精神，所有這些都比戰爭的目的有著更深的意義和更大的價值。」有無數的跡象都在證明愛的存在。我們看見最無私的愛正推動著紅十字會裡大批的醫生和護士們，把所有在戰場上受傷的戰士看成兄弟，為他們包紮傷口，挽救他們的生命，照顧他們，直到他們恢復健康。因為愛，這些醫生和護士並不介意他們的信仰如何、他們來自哪個國家、他們的種族差異及社會差別。

悲觀主義者只看到戰爭對文明的傾覆和戰爭所釋放的憎恨的惡魔。但愛比恨更強大，愛必將帶著生命脫離死亡。即使在戰場上，愛也在散播超越世上一切偉大新生命的種子。在戰爭中經常會有這樣的事情發生：來自不同國家的戰士在戰場上拼得你死我活，可當他們同時在紅十字會護士的照顧下進行康復治療時，才發現他們的情感與同情心是一樣的，在內心深處他們是尚未相認的兄弟。當脫離了憎恨與戰爭的環境，這些人成了終生不渝的朋友，並學會如何感受手足之情。

法國大革命提出的「自由、平等、博愛」的思想，也只有在革命發生以後，才變得如此深入人心。在戰爭的陰霾籠罩之前，交戰各國將彼此的界線劃分得如此鮮明；

戰爭之後，社會、政治、宗教的界線因這種思想而使得它們大部分都消失了。是巨大的災難平息了所有階級和黨派的差異，人們因共同事業的需要而走在一起。來自不同階級、懷著不同理想和信條的男人、女人們，為同一個偉大的目標而團結奮鬥。在法國，古老貴族階級的婦女把貧困士兵的妻子、兒女帶到自己家裡，對待他們如兄弟姐妹。出身高貴的淑女們或進入商店、賓館、飯店做起服務員，或開上汽車做起司機。以前不知工作為何物的女人們，當她們的男人受到國家召喚而拿起了武器，她們也欣然承擔起男人們撇下的工作。在英國、美國以及所有參戰的國家，情況大抵如此。當和平到來，交戰國將以新的面貌重生。是愛，是人類博愛之偉大的精神，將這些障礙剷除得一乾二淨。

癒合戰爭創傷，抹去那些殘忍的記憶雖然要花上一段時間，但各國子民手把手為共同目標而努力奮鬥的日子就要到來了。愛將代替恨，愛的方式將消滅世界上的戰爭、人與人的爭鬥，以及仇恨、自私和貪婪。很多民族古往今來都嘗試過以憎恨的方式、戰爭的方式和生靈塗炭的方式，可是它們並不奏效。暴力終歸要失敗。二十世紀的文明不容許任何統治者或人民用槍炮來進一步發展和占領世界。在我們這個時代，和平才是進步的方式。

七年前的一九一一年七月二十一日是牛奔河之役五十週年紀念日。那天在我們國家，上演了一幕令人難忘的場景：當年參加過戰鬥的老兵會合在一起，永久埋葬了籠罩在南、北雙方關係上最後的疏離感。「老兵們以作戰隊形集合」作者寫道，「從兩邊向亨利山進軍，重複五十年前的戰鬥情景。兩支隊伍相遇，停下來，雙方緊緊握手。人群中爆發出一片歡呼聲。很多頭髮斑白的老兵流下熱淚。」

朱莉亞．沃德．豪 (Julia Ward Howe) 曾與她的丈夫一同為人類和平的事業而奮鬥。在她丈夫去世後的許多年裡，她仍然為此做著不懈的努力。朱麗亞對於人類的新紀元有過一次奇妙的幻覺，她在去世前談到那次幻覺時說了這樣一些內容：

「最近的一天晚上，我突然從夢中醒來，我看到了一個即將到來的人類的新紀元，男人、女人們為了使人類脫離邪惡而團結一致，並肩戰鬥。」

「來自各地的男男女女像勤勞的蜜蜂努力工作著。他們撕去了邪惡的面具，揭示出整個罪惡與痛苦交織的網，然後加以補救，並尋找著能對抗邪惡及痛苦的良方。」

「似乎有一束神奇且無處不在的新光，它的光輝無法用言語表達——那是新生的希望和同情的光在閃耀。光之源就是人類的全力以赴——無以計數的人在為著一個不朽的目標努力奮鬥。」

「我看見男人和女人們，肩並肩，手挽手，每一張臉上都閃爍著世所未見的榮光。所有人都為著一個共同的目標而前進，去征服同一個敵人，去實現同一個永恆的良善。」

「然後我看見了勝利，所有的罪惡都從地球上消失了。痛苦消除，人類獲得解放，走向一個互相理解、互相包容、互相幫助的新時代，一個充滿愛與和平的完美時代。」

朱麗亞所描述的是人類世世代代的夢想，是人類最初的希望。我們人類一直在努力，所以我們可以看到，每個世紀、每一年都讓我們越來越接近它的實現。儘管我們中間還有矛盾和明晃晃的罪惡，還有許多挫折和失敗，人類博愛的精神在慢慢地生根，在人群中發揮效力。利他主義精神在過去的二十五年裡取得的進步比在前兩個世紀裡取得的進步更大。這可明顯見於生活的各個領域。我們看見世界各地的人們在以更大的熱情和同情心關心著那些不怎麼幸運的兄弟姐妹。在文明世界的每個角落，生病的、年老的、受傷的、失足的，以及犯了罪的人都得到了比以往人類歷史的任何一刻都還要多的關懷和人性的對待。

現在，讓我們看看人類的進步吧！

在對待精神病人方面比以前更人道了。就在不久以前，這些不幸的人還在忍受最不人性的對待：鎖鏈、鞭打和各式各樣的懲罰，好像他們根本不配得到我們的愛和同情。

監獄制度的改觀也是很重要的一點。如今在許多監獄裡，真誠友善、體貼周到正在取代古老「以眼還眼，以牙還牙」的殘忍做法，這才有助於犯人的改過自新。舊的制度取人性命、摧毀人的精神，或使罪犯變得更頑固，它難改造犯人，而新制度給了犯人一次重新做人的機會。看看以前，舊時代的罪犯得到的懲處是極其野蠻的——割耳朵、用火鉗挖眼、在拷問臺上受刑、夾拇指、五馬分屍，並且經常被慢慢折磨致死，這種折磨也許會持續幾天時間。

愛終將驅逐過去殘忍的做法，將消除犯罪本身。當世界以黃金法則來運行的時候，犯罪的誘惑將大大減少，最後自然消亡。

人群之中存在的不公不義，輔之以個人對財富和權勢的欲望，成為社會上大多數犯罪和痛苦的原因。當正義占了主導地位，當人人都與他的兄弟一樣擁有同等的機會，監獄和貧民院將被學校和社會機構所取代。

人類未來的希望在於黃金法則的普遍實行，每年都有那麼短短的一段時間，人們致力於實施這項法則，猶如看到以黃金法則運行的世界。

在耶誕節期間，我們常常可以看到，連最卑鄙、最自私、最吝嗇的人都受到與人為善之氛圍的影響，變得慷慨大度起來。儘管在一年的其他時間裡他們可能爾虞我詐、冷血自私、不管他人死活，但在這一天裡他們變得樂於助人、樂善好施。昨天他們還把錢包握得緊緊的，今天卻能為人慷慨解囊。耶誕節讓死去的心復活，世界在這一天比其他三百六十四天都離幸福還要更近一步。

是什麼原因讓他們這麼做？是因為我們實現了博愛之夢。

如果耶誕節的博愛精神能夠貫穿全年，我們將向前跨出如此巨大的一步！如果每個人都能像別人對待自己那樣去對待他人，這個夢想將很快被實現。

第六章　我們最大的盼望

世界上最美麗的事情，也是人人最渴盼的事情，就是愛。沒有愛的生活是不可想像的，因為生活即是愛。沒有愛就沒有生活，沒有愛的生活是假象。羅伯特．英格索爾在一個孩童墓前作的演講中說道：「我寧願在以死神為王的地方生活並愛，也不願享受沒有愛的永恆生命。除非我們來生繼續愛那些今生愛我們的人，否則來生也是沒有意義的。」

生活中最悲哀的，也令大多數人膽怯的是那種沒人關心我們將來會怎樣，是輸還是贏的感覺。

只要有人關心，就有動力。不管我們外表看起來多麼失魂落魄，那種有人關心、有人想念、有人信任的感覺——無論是來自妻子、母親、孩子、朋友，抑或不會說話的動物，都足以讓我們從掙扎中站起來。如果我們孑然一身，沒有朋友，沒人關心我們在這個世界上的沉浮輸贏、是死是活，那種感覺是很可悲的。假設真有這樣不幸的人，他一定是放棄了愛與被愛的努力。他一定是把造物主賦予每一個人的愛的本能給扼殺掉了。一定是有什麼因素扭曲了他的本性。他不再是正常的人，因為上帝創造我們就是為了讓我們去愛與被愛。

不久前，我收到一個人的來信，他說他厭惡愛，他再也不想聽到或看到這個字眼。讀書時，他會避開有關愛的主題，就算碰巧看到，他也會跳過去。他發誓這輩子斷絕與愛有關的一切，他不會再愛了。

他沒有說是什麼引起他對愛的這種極度的反感。也許是他情場失意，被某個女人拋棄；也許是他受到曾經信賴的朋友的欺騙或背叛。但不管什麼原因，我都禁不住為他感到遺憾。被他從心中趕的是那讓人離上帝最近、讓人變得神聖的東西，也是讓生活值得擁有的東西。

很多人傷心失望，是因為他們的生活中沒有或很少有愛。我曾聽過一個女人說她不相信有真正無私的愛。當她倒了楣，對朋友無以回報的時候，她的朋友都轉而背向她。因此，她說她發現一些所謂的朋友的愛只不過是自私。換句話說，這個女人相信人們的愛是以各自對雙方有多大益處為衡量的。不用說，這正是她自己的心態，是她對別人的冷漠和不信任導致愛與同情離她遠去。正常情況下，愛的付出和回報在於我們給予多少就收穫多少。我們心中產生的懷疑、不信任、嫉妒和忌恨，這些特徵一定在某種程度上存在於我們自身。也就是說，我們在他人身上所引發的感情和激情是我們自身性情與性格的寫照。正所謂物以類聚，我們在他人身上喚起的正是我們對待他們的態度和方式。

正是這種錯誤的心態，使大多數人把恰好為我們所渴望和孜孜以求的東西給趕跑了。每個人都渴望愛，然而又有多少人在用錯誤的心態和不可愛的方式不停地驅逐著它呢？

那些缺少愛的慰藉的人，那些最大的失望是愛的本能沒有得到滿足的人，都無法讓愛在心中燃燒，因為他們心中沒有讓愛生長的環境。一顆充滿怨恨、嫉妒、貪婪和冷漠自私的心，一顆過於追求名譽、地位和權勢的心不是愛的容身之地。愛無法生長在這樣的環境裡，它會被凍死的。

一位終生沒有得到愛的滿足的母親，與子女疏離的原因恰是她那容不下他人的脾氣。她尖酸刻薄、挑剔、吹毛求疵的性格使家裡的人難以忍受，結果是她把孩子們心中對她的愛給趕跑了。她的孩子在家裡很不快樂，為此，他們寧願離開家、離開母親。他們做什麼都無法令她滿意，她不停地挑剔他們行為舉止上、著裝上、生活習慣上的毛病。不管他們如何努力，都從未得到過母親的一句讚揚或鼓勵的話。

真正的愛從不苛責，不吹毛求疵，不隨意發脾氣。如果你想被愛，你必須停止對別人的缺點大吵大嚷，轉而尋找他的優點。請相信，只要尋找，總會找到。

「在非洲中心的大湖區，」杜蒙德說，「我遇到的黑人們都還記得他們以前見到過的那位白人——大衛．李文斯頓，沿著他的足跡一路走過去，談起幾年前來過這裡的那位善良的醫生，人們的臉上還散發著興奮的光芒。他們雖不理解他，卻能感受到在他心中跳動的愛。」

在肯塔基州一座偏遠的小城邊上，有一片黃樟叢林，那裡有一塊雕鑿粗糙的石頭，上面爬滿了青藤，石頭上刻著這樣的字眼：「她總是和善地對待每一個人。」

在大西洋的另一邊，偉大的倫敦城裡，還有一塊屬於一位善良的墓碑。這塊墓碑雖與肯塔基小城的那塊石頭有著天壤之別，其表達的情感是一樣的。威斯敏斯特教堂沙福慈伯裡的墓碑上刻著兩個詞——「愛、服侍」。並不是他的財富、地位、智慧和偉大政治家的天才使他在人民心中擁有如此高的地位，他受所有人愛戴的原因正是那激勵他一生，為同胞服務的無私的愛。

愛是開啟所有心靈的金鑰匙。它是一道神奇的門，必須穿過它，我們才能到達他人的內心，才能取得工作和生活上的成功。

沒有愛的服務事業就算再好也會缺少一種神聖感。當我問一位救世軍成員關於他們在感化那些從街上救回來的流浪者時，他們做的第一步是什麼時，他說：「我們首先愛他們。」這就是救世軍迅速發展的原因吧。

無論做任何事情，都必須投入這種強大的力量，否則你不會有最高層次的成就感。你可能因為一種責任感或者因為你是教會的一員，不願落於人後，或其他任何原因，走進大城市裡的貧民窟或偏遠地區，去幫助窮人，指導無知的人，引領他們走上正確的道路。但如果你並不愛這項工作和你試圖幫助的人，你的努力都是徒勞的。

我們要想讓生活充滿陽光和愛，就要做真正的男人和女人。要做真正的男人和女人，除了生存所須，還有一些事情要做，這就是不管從事什麼職業，我們都要把它當成一項人性化的事業。這項偉大事業有許多方法可供我們在從事自身行業的同時加以實施。比如為他人加油打氣的方法、助人一臂之力的方法，等等。事實上上，在生活的道路上散播鮮花並不會讓我們損失什麼，何況同一條路我們再也不會重新走過。對於那些為我們提供舒適環境、在日常生活中幫助我們的人——報童、司機、侍者、職員、火車上的搬運工、在家裡服侍我們的人，我們至少可以報以微笑、說一句鼓勵的話。善意的話語、微笑、一點鼓勵和開導似乎微不足道，對許多人來說也無關緊要，然而，對於孤獨失望、渴望同情和鼓勵的靈魂來說，也許意義非凡。

英國有個小夥子，正是由於陌生人的幾句愛與同情的話語，而走上求學之路，並最終成為一位著名作家。他的老師對一位到校參觀者說：「他是全校最笨的學生，他那腦袋我教什麼他都裝不進去。」

這位參觀者與學生們簡短交談後，進入了另一間教室。可是，在離開學校的時候，他找到機會與那位所謂的笨學生談了一次話。他拍著那學生的頭說：「不要緊，你將來會成為一個很有學問的人。不要洩氣，而要努力，並堅持下去。」

以前人們都說他愚蠢、一無是處，以至於他也相信那是真的。但這位偉大人物令人鼓舞的話語點燃了他的雄心壯志，讓他對自己充滿希望。這些話一遍遍在耳邊迴響，他對自己說：「我要讓我的老師和所有認為我一無是處的人看看，我到底有沒有出息。」這男孩就是著名的亞當・克拉克博士（Adam Clarke）——《聖經》的偉大評論家和其他重要作品的作者。

約翰・羅斯金（John Ruskin）說：「愛是人與人之間互相欠下的債，因為我們所有人欠上帝的愛與關心的債，沒有其他方式可以償還。」換句話說，把我們的好東西與人分享，助人為樂的習慣不僅是服務於我們的鄰居，也是對把我們派到這裡來的上帝的一種服侍。這些我們每天都可以做且不影響日常工作的小善舉，將給我們帶來比金錢或其他收益更多的幸福和滿足。

一位作家說：「如果我的愛殘缺，我的生命就不完整。如果我心中有恨，我的生命就遍體鱗傷。只有當我以無所不包的博愛去愛人，那永恆之愛才會在我身上綻放美麗，並透過我的笑聲表達它最神聖的喜樂。」

不管走到哪兒，都要給別人的生活帶來一點陽光，送出一些鼓勵和善意，這是世界上最簡單不過的事情了。生活中不乏這樣的機會，寫一封友好的信，說一句令人鼓舞的話，做一點善事，這些都將以一千種方式回饋給我們，並給我們持久的滿足感。

只有在日常生活中向所有與我們接觸的人進行愛的實踐，我們才能獲得那美麗的、自發的、所有心靈都極其渴望的愛。

第七章　老闆與員工

一家大工廠的經理向來以壓榨工人出名，他向董事會解釋他是如何做到這一點的：「我跟你們說，我可以讓他們做更多的工作，我就從他們身上榨取。只有這樣才能讓工廠獲得更多的紅利。我讓他們一刻也不放鬆，我就在後面盯著他們。他們不知道我什麼時候來，他們都怕我。我讓他們感到隨時有可能被解僱，他們不確定什麼時候會收到解僱通知的黃色信封。」

這個自詡用血肉之軀鑄造紅利的男人的工廠裡，僱傭著數以千計的女工和童工。其中很多女工，當然都很窮，他們大多是來自大家庭的母親，她們不得不在工廠工作幾個小時，然後還要回家做那些煮飯、洗衣、縫補之類的家務。這些家務是她們早上六七點上班前，或晚上很晚回家後才做的。

我最近與這種冷血、傲慢的生意人有過一次交談。他告訴我他不想再做了，因為他受夠了他那些效率不足、華而不實的員工。他說他的工人們總是欺騙他，諸如偷盜、毀損產品、出錯、偷懶、消極怠工。他們一點都不關心他的利益，只關心薪資袋裡的錢。「我受夠了，」他最後說，「我經營工廠的目的又不是為了他們的利益，我什麼都試過了，試圖讓這些愚蠢自私的傢伙好好工作，但都沒用。現在我已經沒轍了，神經都快崩潰了，我必須放棄這場遊戲。」

「你說你試過了所有能想到的辦法管理你的員工，但你有沒有想過用愛的方式呢?」我問道。

「愛的方式?」他鄙夷地說，「你這是什麼意思?我要不是隨時揮舞著大棒，那些工人早就騎到我頭上來欺負我了。這些年來我都是僱傭偵探來保護我的利益的。這些人懂什麼愛?我要是做這種傻事，隨時都會出事的。」

一位用黃金法則進行企業管理而獲得成功的年輕人，在聽到這個情況後，看到了其中成功的可能性。於是，他找到那位經理，請他在放棄之前，把工廠交給他做一次嘗試。結果那位滿腹牢騷的經理非常欣賞年輕人的人品，不到半小時就任命他為經理，儘管他堅持認為這種實驗值得懷疑。

這位年輕人上任後的第一件事，就是召集每個部門的員工，進行推心置腹的談話。他說他來這裡不僅是作為廠主的朋友，也是員工們的朋友。他要盡他所能，除了讓企業獲益，還要提高員工的待遇。他告訴他們，企業正在虧損，若要改變這種狀況，使收支平衡，就得靠他和工人們的努力了。他讓他們明白，和諧互助是企業和員工獲得真正成功的基礎。

從這天開始，他就給人一種愉悅、熱情、鼓舞人心、充滿同情心和希望的印象。他很快獲得了所有人的信任和好感，工人們幹勁十足，整個工廠就像一個巨大的蜂巢，彷彿工廠是他們自己。大家都為之勤奮工作、幸福而滿足。生意越來越好，在令人難以置信的短時間內，工廠開始賺錢而不是賠錢。黃金法則驅逐了憎恨、自私、貪婪和分歧，所有人的利益都集中在一起，獲得了共同的繁榮。如此巨大的變化，以至於客戶都開始談論工廠的新氣象。幾個月後，當老闆從國外休養回來，他簡直無法相信「愛的方式」已為他的員工和工廠帶來了巨大變化。

有些人可以讓任何人變成好員工。就像亨利・福特所做的那樣，把街上撿來的孩子、監獄裡釋放的罪犯，改造成出色的員工。他們有能力喚醒這些人身上最好的特質——男子氣概、公平感和正義感，並以他們希望被對待的方式對待他們。

「想讓別人如何對待你，你就要如何對待別人。」千百年來的哲學思想都集中在這個簡單的句子裡。所有的律法和改革的原則都離不開它。這句話的實踐終將消滅所有貪婪，最終，人們將會看到，最好的福祉存在於周圍所有人的最高福祉中。總有一天，人們會發現黃金法則即使在商業領域也是最明智、最商業化的做法。

哈利．戈登．塞爾福里奇（Harry Gordon Selfridge）先生認為，如果雇主們以希望自己被對待的方式，或他們的子女被對待的方式去對待員工，勞資糾紛就不成問題了。他說他在倫敦的大百貨商店之所以成功，牢記這一點便成了其成功祕密的百分之七十。那家店曾在第三年就創下了五十萬美元的利潤。然而當年創業的時候，倫敦的生意人曾預測這家大百貨店會徹底失敗。保守人士說：「不到一年就會破產，他不可能成功。我們可不喜歡這樣做生意。」

由於哈利．戈登．塞爾福里奇在商業管理中引入了先進的美國精神，透過對員工們人性化及友好的對待，他淘汰了舊的傳統，打破了所有商業紀錄。「我發現與英國雇員們合作極其令人滿意，」塞爾福里奇先生說，「他們工作都很賣力，還很忠誠。」

按照這位偉大商人的計畫，恐怕沒有幾個員工會令人不滿意和不忠實，下面是他的經驗總結：「為你的員工們支付體面的薪水，不要讓他們怕你。一個微笑、一句開心的話能產生極大的作用。給他們注入一種責任感，讓他們感到自己是必不可少的一分子。一個車輪，也許很小，卻是整個商場裡不可或缺的一個輪子。總之，就像你希望別人如何對待你，或你希望別人如何對待你的孩子那樣，對待他們。」

亨利・福特、約翰・沃納梅克(John Wanamaker)、查爾斯・邁克爾・施瓦布(Charles Michael Schwab)和其他一些成功的企業家和商業大亨們，他們的成功和在員工之中的聲譽，都源於他們採用了與哈利・戈登・塞爾福里奇一樣的商業手段。亨利・福特與一位採訪者談到他的新計畫時說道：「如果我繼續提高工廠裡幾千名工人的福利，就有理由相信他們會更好地工作，不是嗎？」

在這之前，福特先生一直以來按照常規的做法，獲利後再給分配員工。當他宣布將把計畫的年利潤按比例提前發給員工的時候，業界都認為這一計畫是唐吉訶德式的空想。福特先生卻認為這只不過是一種社會公平的展現。他的理由是：「如果人們懷著對更好的事情的憧憬而努力工作，那把這個好東西放在他們手裡，又會怎麼樣呢……我們已經精確計算過來年的生意，我們知道工廠的實力，也知道將得到的利潤。這些幾千萬美元的預期利潤將進入工人手中。他們不是靠附加的「如果」才得到它，他們每兩周就能拿到自己的那一份。我們可以這樣做，因為他們將幫助我們創造這些利潤。

「當然，作為公司成員的我們，也會從他們優良的工作品質中獲得利益，但即便我們的收益沒能增加多少，我們也將滿足於讓兩萬名員工得到富裕和滿足，而不是讓工廠裡幾個殘酷的老闆成為百萬富翁。」

施韋伯先生最近告訴我，他的利潤分享策略正在創造奇蹟。他說在任何紅利支出之前，總利潤的百分之十五要在雇員中間分配。他手下的一個經理，去年在薪資之外，根據利益分配計畫，得到了五十多萬美元；還有一個得到了四十萬美元。

這就是商業領域中的愛的方式。無論是在塑造更好的工人方面，還是在創造利潤方面，效果都很顯著。

安德魯．卡內基（Andrew Carnegie）說，如果他在鋼鐵界重新開始的話，他將在工人中採取這種利潤分成的方式，以便讓他們真正感到自己是合夥人，而不是受僱者。

能讓員工們覺得自己是公司的合作夥伴，他們工作並不只是為了拿薪資，老闆是在喚起員工們的工作素養，這是用其他任何方式都達不到的。真正時尚、有效的管理者都明白，那種逼迫、壓制、盛氣凌人的做法，那種嘮叨、懷疑、吹毛求疵的方法都達不到預想的結果。對顧客也好、工員也好，單邊的買賣都不是好買賣。

唯有老闆與工員之間的夥伴關係才是成功管理的基礎。如果老闆這邊有不公正、不斷挑剔或讓人感覺高高在上的情況，那麼員工就會感覺不公平，感覺自己是老闆的附屬品，良好的夥伴關係就不會存在。

憎恨不公平和不公正是人的本性。良好的夥伴關係意味著團隊精神，老闆和員工之間若有任何一方不滿意，存在憎恨或惡意，那要形成完美的團隊是不可能的。老闆與員工之間的夥伴關係是企業最大的資產之一。

這種良好的夥伴關係是約翰．沃納梅克商店的重要特徵之一。有人曾聽到沃納梅克先生的職員說：「沃納梅克先生的一句『早安』讓我們愉快地工作一個星期。」他友善的性情、歡樂的舉止，給為他工作的人們創造一個好心情和傳播快樂的願望，與他在商業上的傑出成就有很大關係。

一位在工廠中擁有一千多名員工的老闆對來訪者說：「我想帶你在這裡走一圈，看你能不能找到一張悶悶不樂或不滿足的臉。我能叫出這裡每位員工的名字，他們也都認識我。如果有人遇到不高興的事，他可以徑直到我辦公室，沒人攔阻，他們知道，會在我這裡得到公正的裁決。我覺得讓這裡的每個女孩子從早上進來到晚上離開都保持身心健康是我的責任。我不僅要讓女孩們工作的時候心滿意足，我還要讓她們帶著同樣的心情回家，第二天再帶著同樣的心情來上班。你不會看到任何女孩在我過來的時候加快工作速度，或異常忙碌，她們知道我不是那種人。生意淡季的時候，我跟她們說好好休息、慢慢來，因為我們十二月分會有很多事情要做。結果不用我說一句話，她們十二月分的工作量是四月分的三倍。我的員工們幫我做的是薪水難以買到的工作。他們對我誠實，因為我對他們誠實，他們彼此之間也很誠實。一天有人在一個車間的地板上發現八百五十元。我告知全體來領取丟失的錢，結果一千人之中只有一人來認領，而他正是失主。除了賺錢，一個體面的人應該為工人們有這種精神而自豪。」我認識的一個紐約生意人，也是用同樣的方法博得了公司裡每一位員工的愛和尊敬。他說，每當他在公司裡看到一張悲傷、難過、不滿的臉孔，都會叫他到辦公室，對他說：「你不高興，一定是哪裡出了問題。跟我說實話，出了什麼事？」接著，這位不滿的員工就告訴他問題所在：也許是其他員工講他的壞話；也許是他的上司對他不公平。無論什麼樣的抱怨，老闆都會找來涉及此事的相關人員，只要雙方坐下來把事情談開，事情通常很容易解決，雙方都愉快地離開了。

這是透過善良、同情、公平和尊重使員工發揮潛能，在工作中獲得幸福和滿足的唯一途徑。對這種待遇無動於衷的工人，他們身上一定嚴重缺乏某種東西，就像那個不忠實的建築工人，他會為此付出代價。下面就是愛德溫．馬卡姆（Edwin Markham）講述的「那個愚蠢的明勤暗惰的工人，一個可憐的無賴」的故事。

「他和他可憐的孩子們連住的地方都沒有，一位慈悲的好心人心想：『我要給他一個驚喜，送他一個舒適的家做為禮物』於是，在不告知目的的情況下，他花了一大筆錢請這位建築工人在一個陽光明媚的山坡上建造一所房子，然後就到遙遠的國外做生意去了。」

「留下這位工人沒人監管，全憑自己的良心工作。『哈！』這人心想：『我可以騙他，我可以偷工減料，馬馬虎虎地工作了。』於是，他偷懶耍賴，用品質低劣的釘子和木材。」

「當那位好心人回來時，工人說：『這就是我給你造好的房子。』『好！』那人回答說，『去吧，把你的家搬過來，因為這房子是你的了。』」

「那人很震驚，意識到一年來他欺騙的不是朋友，而是在欺騙自己。『如果早知道我建造的是自己的房子就好了。』他不停地自言自語。」

還有一個年輕人和這位不忠實的工人一樣，幾年來他一直偷懶耍賴，早上很晚上班，找各種藉口不來上班半天或更長的時間，諸如生病、遇到交通阻塞之類的。他不知道他是在欺騙自己，居然對自己進步不夠快感到委屈。他對我說他幾年沒漲薪水了，晉升也無望。他還抱怨一些能力不如他的同事都獲得提升了，只有他還在原地不動。

這位「愚蠢的明勤暗惰的工人」以為他的老闆是瞎子，以為他多年來的蒙蔽沒有引起別人任何的懷疑。他自詡他的能力，但還是不夠聰明，沒有意識到他的老闆之所以能坐到這個位置也是因為他有閱人的智慧，知道哪些是忠實勤懇的員工，哪些是落後的員工。這位年輕人和相同類型的人最終將發現，自己和那個不忠實的建築工人一樣，在欺騙自己。

許多年輕員工，僅僅因為沒能得到他們認為該得的薪水，就把一些薪水袋以外、更大更好的無數的東西給丟棄了，這樣做只是為了與老闆扯平。他們故意採取偷懶、盡可能少做的策略，結果也沒有得到比薪水更重要的東西，反而變得心胸狹隘、效率低下，漸漸落後，性情裡再也找不到慷慨豁達、高貴進步的東西了。而那些原本擁有的領導才能、設計能力、創造力和足智多謀等，構成完整且全面的領導潛能都未得到開發。因此，試圖以吝嗇的服務報復老闆的心理，不但遏制了自身的發展，還使得自己將在渺小、狹隘、虛弱中度過不完整的人生。

另有一種員工，無論在什麼場所工作——辦公室、工廠還是商店，他們都不夠忠誠，隨時隨地貶低老闆，與那些偷懶者一樣，他們也是在傷害自己。我認識這樣的一個人，他總是嘲笑老闆，批評他的方法，對老闆進行人身攻擊，聽著年輕人對「上頭」憤怒地抱怨和刻薄地批評，我很痛心。

那些員工貶損老闆和他所工作的地方，批評他們的方法，對公司政策嗤之以鼻的做法，除了說明他們缺乏善意和同情，還說明他們缺乏原則，在人格上也有很大的弱點。如果你不喜歡你為之工作的人，如果他們的方法不公平、不誠實；如果你的良心不贊同他們，那麼你應該離開，而不是挑剔和批評，你應該另找一份工作。不管什麼原因，貶損別人的習慣對貶損者來說是極其有害的，貶損別人只會讓其精神處於痛苦之中，並扼殺創造力。要知道，一個心裡懷有惡意的人是不會做好工作的。

還有一類員工，臉皮薄、敏感、經不起老闆的任何批評和更正，即便那是為他們好。一位這類的年輕人最近辭掉了工作，如他所說，他「受不了總是挨罵」。他說他的經理總是批評他的工作，不斷指責他做得不夠好，他受夠了，就辭職了。

臉皮太薄和過於敏感也是一種脆弱，這在事業上和社會生活中是要吃虧的。如果你想向上爬，想在社會上有一席之地，如果你夠堅強，你就不會懼怕一點批評和更正，尤其是當它有助於你的進步的時候。

有些員工連最小氣的老闆也挑不出任何毛病，因為他們總是工作得如此認真、努力。如果你的老闆總是責備你、找你的毛病，請你仔細檢討一下自己，你會發現這不是沒有原因的。捫心自問，你將發現把所有這些都歸咎於他的卑鄙、歸咎於他的不良性情和壞脾氣，只是在掩蓋真正的原因、在欺騙你自己。

一間公司的領導潛能會一點一滴地滲透到每一位員工身上，以至於他們很快也具有了同樣的性格特點，其速度是快得驚人的。如果領導有崇高的理想，如果他舉止儒雅、具有很高的文化素養，員工身上也會反映出這些特點。如果他舉止低俗、趣味低下，他所吸引的就是員工身上所有惡劣的東西。

大多數聰明的商界人士，還有我們的許多家庭主婦都開始意識到老闆與員工之間的利益趨同，互相尊重，給予對方同情、友愛和關心，簡言之，就是實踐愛的方式，才是解決勞資糾紛和其他困難的唯一的方法，不會錯的。

總而言之，能不能塑造好的員工，很大程度上還是在於老闆。我們能從別人身上挖掘出什麼樣的特質在於我們自己。這如同穿過一堆垃圾的磁鐵吸出釘子、鐵片、螺絲釘等零件。我們從員工和其他人身上發掘出的特質，也將與我們的情緒、動機，和我們對待他人的方式相呼應。每一位經理、每一位老闆，都是吸引員工身上某種特質的磁鐵。有些人永遠也看不到員工身上最好的一面，喚不起他們最優秀的特質，這是因為他們使用的方法不當。要知道，他們的性格表現在方法中，他們吸引的是人性中最低的，而不是最高的特點。

這是一個索取和給予的世界，作用與反作用是相等的。我們得到我們所給予的。我聽到有些老闆說：「浪費我的同情心幫助那些員工有什麼用？他們不知感恩，他們是一群畜生。」如果抱著這種態度對待員工，你會遇到很麻煩的勞資糾紛。你的員工是你的家人，只有把他們看成兄弟姐妹，並像對待家人那樣對待他們，你才能擺脫困境，他們才能為你提供更好的服務。他們也會你索取最大的好處，這是人之常情。

第八章　怨恨之牆

羅斯金家對面山坡上有一個採石坑，這個採石坑就像一個醜陋的疤痕，破壞了他最喜歡的風景。此後，他喜歡在以前觀賞湖光山色的窗前放一把大椅子，這樣一來，他工作的時候就可以擋住那個疤痕，因為那瘡疤常打斷他的思路。

如果你曾經從你相信和信賴的人那裡得到過這樣一個醜陋的疤痕，如果你身上有這樣的創傷或弱點損害了你的幸福，請不要盯著它看。讓那痛處打開，再現那痛苦的經歷，對傷害你的人心懷怨恨只會加重你的痛苦；唯有用愛的布幔蓋住傷口，忘掉並原諒這傷害，你才能很快痊癒。一位偉大的歌唱家正是用這樣的方式對待她的「仇人」這是《生活的道路》一書中所講的故事：

當桑塔格夫人開始她歌唱生涯的時候，她曾在維也納被對手阿米利亞．斯坦尼格的朋友們趕下臺，而阿米利亞由於揮霍無度，導致事業開始下滑。幾年過去了，桑塔格夫人在歌唱事業上取得了輝煌成就。一天，她駕車穿過柏林，看見一個小孩領著一位盲人，她說：「過來，孩子，你手裡領的那位是誰呀？」

孩子回答說：「這是我媽媽；她是阿米利亞．斯坦尼格，她以前是歌唱家，但後來嗓子壞了，她不停地哭，眼睛也哭瞎了。」

「替我向她問好，」桑塔格夫人說，「告訴她一位老朋友今天下午要去拜訪她。」

第二個星期，桑塔格夫人在柏林為這位盲人舉行義演，她帶了著名的眼科醫生去看她，雖然失敗了，但醫生盡了最大努力。桑塔格夫人悉心地照料阿米利亞．斯坦尼格直到她去世，後來又照顧了她的女兒，這就是一代歌后對她的敵人的所作所為。

這就是愛的方式，就像耶穌給他的使徒的聖誡：「要愛你們的仇敵，善待憎惡你們的，為侮辱、迫害你們的人禱告，這樣才能成為天父的孩子。」

要想真正的幸福，就要做到別人詛咒而你祝福，別人憎恨你去愛，別人責罰你忘記，別人爭鬥你屈服，別人抓牢你放棄，別人獲得你失去。

復仇、偏見、憎惡、怨恨及諸如此類的惡意家族成員，是對身體血液的一種刺激，不僅毀掉懷有這種心理者的幸福，也毀掉了他們的健康。

我認識一個人，他多年來對曾解僱他的一位老闆一直報以可怕的怨恨。他不僅在大街上遇到前老闆，拒絕與其交談，而且一有機會就在背後指指點點，說他前老闆的壞話。

後來，這位老闆生意失敗，在走投無路的情況下，為了維持生計，他到他曾解僱的人那裡謀職，因為那人如今已經發達了。那人對此幸災樂禍，很高興終於有了報仇的機會，他不但不幫他，還給他一頓痛罵，告訴他這些年來對曾經的傷害有多麼怨恨，現在又是多麼高興能看到他的痛苦，讓他也嘗嘗被拒絕的滋味。他為他的敵人的不幸而歡喜，向人們炫耀，他終於獲得報仇的勝利。

可是，像所有嘗試報復的人一樣，他也為此付出了昂貴的代價。憎恨在體內積聚已久，無疑對健康造成了傷害。他因而患上了嚴重的神經性胃痛、風溼症，肝和腎也出了問題。他的醫生告訴他，正是精神上的煩躁不安造成了他神經系統的崩潰。

所有那些對鄰居心懷怨恨，無法根除臆想中的傷害，任痛苦的情感在心中滋長的東西，都會降低人的活力和身體抵抗力，對身心造成傷害。為真實或臆想中的傷害爭取報復的心理，還有所有的惡意、憎恨都是適得其反，遲早要返回到投射者身上，最終受到更多傷害的是自己，而不是別人。

還有一個故事，講的是一個人非常窮，後來他積聚了一筆財富，並建了一所豪宅。這個人因與一個更窮的鄰居爭吵過，他便在豪宅周圍築起一道高高的圍牆把鄰居家的房子擋住。夏天涼風吹不進，冬天太陽照不到，鄰居家因此變得很不舒適。更糟的是鄰居家有一個患有肺結核病的妹妹，她極需要陽光。儘管這個先窮後富的人知道這一點，但只要能報復跟他吵架的人，他才不關心誰難受。

這對鄰居好幾年都沒講過話，有一天他在鄰居家門口看到一輛靈車，忽然意識到是他家那位生病的妹妹去世了。會不會是因為她住的那個房間缺乏陽光和空氣呢？這個想法一直折磨著他，為此，他試圖想擺脫它，於是對自己說：「這麼想多傻呀！這跟我一點關係都沒有，鄰居可以把病人搬到別的地方去呀！她的死不是我的錯。」但這想法就是壓不下去，他決心去找那個他憎恨了許久的人，告訴他如果他想的話，他可以把牆拆掉。但每次下了決心、有了機會，他心裡就有一種他也無法解釋的頑固東西阻止他，勸他再等等、再等等。直到最後那個人也消失了，他也沒有採取任何有實際意義的行動。有一天，他看不見鄰居房子裡有人出入，一打聽才知道鄰居病得很重，快要死了。這更加重了他心裡的折磨和悔恨，因為他害怕跟上次一樣是不是也跟那堵怨恨的牆有關係。

他再次下定決心去拜訪那個人，請求他的原諒，然後拆掉高牆。這次他走到鄰居家門口，但他仍然無法鼓起勇氣走進去。他在想，對方會不會將他趕走，於是他的決心就這樣再次被擱淺，直到有一天他在鄰居家門上看到黑紗。他才知道鄰居已經去世，他有生之年再也彌補不了自己的過失了。

葬禮過後，他開始拆除那堵為刁難鄰居而築起的怨恨之牆。他心裡一直在為這兩個人的逝去而責備自己。他的餘生籠罩在悔恨之中，因為他無法忍受看到對面那孤零零的空房子，他搬離了那座豪宅，而這已成為他永久的責難。

那些對別人心懷不滿和憎恨的人，那些築起怨恨之牆阻擋他人陽光、空氣和風景的人，從這些惡意的做法中，他們不會得到真正的滿足。當他們意識到這只是給他們的憤怒和怨恨火上澆油時，都為時已晚，這只能讓他們活在更大的痛苦中。

因此，對人心存善意是社會上所有罪惡的良藥。如果我們對人心存善意，就不可能懷恨於鄰居或任意傷害他人。在黃金法則和愛的原則中，憎恨和惡意都無法存活。愛可以融化所有偏見，消除所有憎恨和嫉妒，解除所有痛苦。所有的大門都因為愛而開啟，愛沒有敵人，到處受到歡迎，無需介紹，萬物皆回應它的問候。愛可以把野獸轉變成最可愛的寵物，使每個人遠離獸性和殘忍。

想一想，人們為復仇付出的是多麼可怕的代價呀！它不但阻礙進步、降低效率，還毀掉幸福和人格。

我認識這樣的人，他們多年來帶著憎恨的情感、復仇的願望和與傷害他們的人扯平的決心，以至於整個性格都變了，變得人不像人。恨、報復和嫉妒像致命的毒藥，對我們身上最高貴的東西——健康的危害不亞於砒霜對身體的傷害。

再想一想我們等著機會去傷害別人、報復別人，這是多麼不人道、多麼可鄙的事情啊！

羅伯特·白朗寧（Robert Browning）說過：「原諒是好的，忘記更好。」可是，很多人提起曾傷害過他們的人時會說：「我可以原諒，但我不能忘掉。」這並不是原諒，因為只要我們心裡還記著這傷害，我們就沒有從心底裡原諒。這不是愛的方式。

如果你想遠離這種「怨恨之牆」給你帶來的巨大傷害，那麼，選擇愛的方式絕對是你更好的選擇。因為它會讓你獲得鄰居的尊重和愛，獲得你自己靈魂的讚許。如果你已試過了報仇的策略、憎恨的辦法；你已試過了忌恨的方式，擔心、憂慮的辦法，而這些只會讓你更加痛苦和受折磨。你嘗試透過訴訟來解決與鄰居和生意夥伴之間的問題與煩惱，也許你贏了訴訟，同時也得到了終身的敵人。也許你還沒有嘗試愛的方式。如果你還沒有把它作為原則、作為生活哲學，作為偉大生活的潤滑劑，那麼現在開始吧。它會神奇地撫平你人生路上所有坎坷。

把愛的方式作為生活原則的人總是看到人最好的一面，談論對人有益、令人愉快的事情。我們大多數人的問題在於我們沒有把愛的方式作為生活原則，我們沒有釋放我們的天性，敞開心靈和同情的大門，邀請美麗、歡樂和善良的陽光。

如果我們像評判自己那樣寬容地評判別人；像容忍自己的缺點那樣容忍別人的缺點，我們就不會那麼易怒。對每個人懷著好意、善良和同情，這種習慣將使我們脫離妒忌和狹隘心理，開闊我們的心胸，美化我們的生活，使我們變得更高尚。

然而，我們到處都能看見人們用一半的時間為一些無足掛齒的小事爭吵、嘮叨、抱怨、氣得發瘋，築起怨恨的籬笆牆。這對本可以神聖度過一生的人們來說，是何等遺憾啊！你能在朋友和同事身上看到多少上帝的存在，你就能喚出多少他們身上及你身上的神性。這是博愛、和諧和幸福的祕密。

正是憎恨、自私和貪婪的心理迷惑了人們，以致這些人發起了可怕的戰爭。在這戰爭悲劇中，人們心裡沒有愛，他們不知道什麼叫手足之情，寶山訓誡、黃金法則對他們來說都是陌生的。這時，愛若在他們心中萌生，將會帶來新的秩序。

只有遵守聖訓「要愛你的仇敵」，你才能擁有平和、喜樂，並除去紛爭和不幸。因此，請你小心以往的恩恩怨怨所埋下的根，小心那復仇的心理及各種藉口，把它們連根拔起，拋開並忘掉吧！否則你會後悔莫及，再也沒有比「要愛你的仇敵」更科學的論斷了，因為愛是各種怨恨的解藥。對別人以誠相待，你就沒有敵人。

恨與愛水火不容。黃金法則的實踐，對「愛你仇敵」訓誡的遵守，杜絕了復仇、嫉妒、貪婪和一切不義，把敵人變成朋友和兄弟。樹敵的唯一途徑是在心裡、在態度上、在行為上把他們當作敵人。你對別人的想法也是別人對你的想法，別人對你的態度也真實反映出你對別人的態度。這是科學的，也是自然的。人們都喜歡被和善地、寬宏大量地對待，這樣才能把心軟化，把惡意拋到九霄雲外。在友好、互助、博愛的氛圍裡面，憎恨沒有生存的空間，和解的態度百分之九十九會讓你遠離對立與紛爭。以愛的方式和那些仇敵相處，將廢除世界上大部分與法律有關的事物。若競爭對手之間常用愛的方式，而不是訴訟來解決問題的話，很多律師就沒事可做了。

你可否意識到透過屈服而不是抗拒；透過讓步而不是固執，你釋放了多少怨恨？喚醒了傷害你的人心中多少美好？很多人就是這樣將仇敵變成了朋友。

屈服吧！我的朋友，這是愛的方式。不要抗拒，不要固執己見，不要只想伸張自己的權利，而要對仇敵或臆想中的仇敵表現出你慷慨、寬宏大量的一面，這樣便能喚起他心中宏達的一面。他將對自己說：「我以前怎麼沒發現他是這麼好的一個人，他的素養太高了。」他將對你在有充分理由反抗的情況下，做出屈服和讓步，從而成為你的朋友。他不可能不為你的寬宏大量而讚嘆佩服，就像你在街上偶然碰到別人，在你誠摯的歉意下，他不可能對你心懷怨恨一樣。

憎恨、抵抗的方式，懷恨在心，設法報復的做法將導致痛苦和災難。不久前，一位十五歲的男孩槍殺了他的叔叔，被逮捕時他聲稱是因為他的叔叔辱罵了他媽媽，這男孩十五個月來對此念念不忘，決心報仇雪恨。想想這可憐的孩子，他的年輕生命才剛剛開始，就因為忍受不了這點傷害而成為殺人犯，毀掉了自己的一生。就算他不付出生命的代價，他給親人們帶來了多大的恥辱！盲目地向心中的假想敵尋求報復，是一件嚴重的事情，人生苦短，我們怎能輕率地向人發洩怒火和怨氣，怎能在身前豎起盾牌，準備隨時抵擋別人呢？我們的靈魂經受不起憎恨與報復的折磨，它們降低效率、毀掉幸福，誰也經受不起讓健康、效率、幸福和永恆福祉的敵人摧毀他的性情，玷汙他的理想，扼殺他的抱負和成功的機會。

當嬰孩將手靠近火焰，痛苦就給了他一次教訓，他知道不能再那麼做。在我們復仇之後，在我們經歷了撕心裂肺又痛苦的折磨之後，在我們有了很多這樣的經歷，我們應該曉得這是一筆昂貴的交易，不能為了報復某人而付出如此昂貴的代價。

下一次當你義憤填膺，血脈賁張的時候，冷靜地考慮一下，不要盲目行動。下一次，當你對傷害了你的人懷恨在心的時候，不要這樣做，你只是在你和上帝之間豎起一道怨恨之牆。有比發怒和忌恨更好的方式——一個讓你心靈寧靜和無限滿足的方式——愛的方式。試一試吧！

不要寄出那封帶著怒氣又尖酸刻薄的信，你以為你做了一件很漂亮的事情，你以為你出了口氣，報復了那個傷害你的人——請把它燒掉。因為有更好的方式——愛的方式。試一試吧！

不要對那個說你壞話的人說出壞話，反之，以愛和寬容對待他，對自己說：「他是我的兄弟，不管他做了什麼，我都不能對不起他，我必須對這個兄弟展表我的友好和寬容。」

法國醫生在替戰士療傷的時候，使用電磁鐵吸出彈片和其他金屬碎片。把愛的磁鐵應用在傷害過我們的人、我們的仇敵身上，也將吸出那些不健康、有毒的物質。愛是精神上的磁鐵，它能拔掉各式各樣的傷害及侮辱之刺，它消除不和，因為它不但能諒解，而且能忘記。

第九章　工作並快樂著

法蘭克．克萊恩（Frank Crane）士說：「熱愛工作的人是上帝所喜愛的。」工作並非對人類的詛咒，而是對人類最大的祝福。它為人類帶來了許多貢獻，給人們帶來了幸福，拯救了許多人的生命，激發了人們的潛能，發展人們的心智。

哈佛大學的理查．凱博特（Richard Cabot）博士說：「人是一種不在運動、變化、行動和前進中獲得平衡就不會感到健康、快樂和有價值的生物。」如果不從事積極、建設性、對人類有某種補益的工作，就不會感到健康、快樂和有價值。有一位婦女因丈夫生病而失去生活來源，不得不出去工作，她說只有在工作中才能感到真正的幸福和滿足。她發現當她承擔起重任時，讓她感到恐懼和煩惱的事情消失了，她在工作中找到了新的生活、新的勇氣和新的理想。獨立工作後，她的健康得到了極大的改善。

很多人都存在著一種模糊的看法，以為快樂、有意義的生活是工作以外的事情，是一種神祕的、由命運所掌控的東西。但事實上，快樂、有意義的生活是取決於我們如何調動我們的個人資產。

成功和幸福的材料在我們自己的雙手裡鑄就。這就是我們所說的日常工作，讓生活盡可能過得更好。請注意，這裡所說的工作並被非超乎尋常的打拚與奮鬥，只是誠

實、認真地處理問題，每天堅持不懈，並試著做到最好，永遠保持在最佳狀態

阿爾伯特．哈伯德（Elbert Green Hubbard）說過：「要從工作中獲得快樂，否則你不知道什麼是真正的快樂。」你要對自己感到滿意，就要做對自己最好的事情，然後才能快樂。我從未見過一個懶散的人讚許自己或認為自己很了不起，這種人總是不安分、不滿足、不快樂，總在尋找新的刺激，因此，無所事事的生活絕不是快樂的生活。

唯一真正的滿足是成為一個真正的人。那些過著懶散、沒有意義的生活的人永遠無法成為真正的人。一個人最大的快樂在於在日常工作中展現自己的活力和能力。如果你有足夠的活力和藝術家靈魂，不論你從事什麼工作，不論工作有多辛苦，你都會從中獲得快樂和滿足。

人最大的錯覺之一，就是認為自己具有能完成複雜活動和功能的身體，具有神聖潛質的心靈。如果是這樣，那麼人的無限渴望就可以透過生活中的泡沫和那些不甚令人滿意卻也閃閃發光的娛樂來實現。但人體是用來行動的，是被設計為做有益的工作的。若一個肢體健全的人不工作，就不可能擁有快樂的生活。要想獲得幸福，就必須

遵循自然法則，我們無法欺騙自然。工作、愛與玩耍的平衡是實現人類完美的關鍵。

「逃避工作將不可避免地帶來精神上的損失。」漢米爾頓．麥博說，「因為工作是教育人最普通且最具意義的方法。如此深刻和豐富的教育過程，必將成為精神生活的一部分，因為教育作用於精神上的。透過勞動生活中的簡單意象，體認工作的神聖，將工作視為神聖生活的一部分。」人若只是從生活的糧倉中拿走工人們放進去的東西，而自己不做任何事情來生產或爭取，那麼他的身體就會有一種譴責和反抗。如果他不做自己的工作，身體就會提醒他，他是自私的、可鄙的，他是竊賊。這好比你在茫茫大海中遇到沉船事故，你爬到其他乘客用沉船碎片拼成的大筏子上，以舒適的姿勢盡情吃喝所剩無幾的食物和飲水，當大家奮力划向岸邊的時候，你還拒絕做你的那分工作，你會有什麼感覺？你的同伴又會怎樣看你？他們把你從船上扔下去也不過分吧？

現在整個人類就是一艘飛船，在宇宙中快速地航行，每個人的工作都是確保這艘飛船朝著正確的方向和預定目標行駛的必要成分。如果一個人忽視他的工作，整艘飛船就會受到影響遭殃。

若不是因為工作，人類的精神將面臨崩潰。正是誠實、規律的工作維持著我們身心的平衡，使我們處在穩定的狀態之中。

我們所熱愛的工作是上帝給予我們的良藥。上帝對人類發展的計畫、身心的成長，就是工作。

只有透過工作，才能實現成長與幸福。然而，有多少人因不得不工作而抱怨呢？有人經常問自己：「為什麼全能的主不讓麵包長在樹上，不給我們現成的衣服和房子，好讓我們有時間發展智力和文化，去旅遊和娛樂呢？」

正是為了實現這種目標和夢想的渴望，我們必須不斷努力，開發自己的能力，發揮才華，並塑造自己的性格，成為真正的人。只有透過這種偉大的目標的實現，我們才能獲得成長和幸福。別無他法。

可是又有多少人明白，我們之所以有所嚮往，是因為它得之不易。假設造物主為我們準備了一切現成的東西，每個人出生時就大學畢業，假設不需要任何努力，每個願望就得到滿足，誰會願意活在這樣一個沒有出息的世界裡？誰願意活在一個沒有夢想、沒有動力的世界？

生活就是不停地活動，而任何試圖取代工作、取代個人努力的做法都是徒勞的。

在生活中，只有透過自己的奮鬥，才能得到產生價值。我們聽說過，有些男人和女人試圖不勞而獲，我們也認識一些人，他們自私、散漫、貪婪、傲慢、平庸。他們不思進取，厭倦和飽足給他們帶來的痛苦比最艱苦的工作還要多，他們一直在尋找快樂，但他們找不到，因為他們沒有付出。

高昂的鬥志和健康的工作是構成幸福的重要因素。當我們與環境相協調，便有了高昂的鬥志。當我們完成了一天的工作後，滿足感便油然而生，因為我們在正確地使用了人這個機器。我們盡了最大的努力，發揮出最佳水準，為世界做出了自己的貢獻。如果我們找對了地方、做對了事情，那我們從一天的工作中獲得的幸福和滿足將無與倫比。

我從未聽說過有人因為做自己喜愛的工作而精神崩潰。如果你熱愛你的工作，它不但不會損耗你的精力，還能為你帶來無限樂趣和動力，如果我們找對了地方、做對了事情，我們的工作就能像玩樂一樣輕鬆愉悅。

熱愛可以消除摩擦和不和諧，而摩擦和不和諧正是讓生活疲憊不堪的原因，它們耗盡了我們的體力和腦力。新思想的哲學教導我們，我們對工作的態度以及我們的生活目標與成就、幸福和成功有著密切的關係。只有當你意識到在工作中，有著比麵包、奶油、住所更加重要的事情存在時，你才能讓生活成為真正的傑作。只有把工作看作是天父所分配給我們的、必須用愛心完成的任務時，你才算具有正確的心態。用生命教給人們如何生活的耶穌不是說了嗎——按照派遣我來的人做事，完成他的工作是我的快樂。還有在加利利所說：「我已在地上完成了你給我的工作。現在，請賜給我你的榮耀吧！父親，在創世之前我與你所獲得的榮耀。」

下定決心，投入並熱愛你所從事的工作，這種心態是引導你走向成功的第一步。即使你不太滿意你所從事的工作，你也應該盡心盡力地做好它，全身心地投入，像藝術家對待自己的藝術一樣狂熱，這樣你就可以擺脫工作的枯燥乏味。在工作中抱怨和不情願只會使你陷入不和諧的環境，無法找到適合你的位置。只有擁有正確的心態和持之以恆的努力，即使在不喜歡的工作中，你也能取得一定的成功，從而打開真正屬於你的工作大門。

努力工作從來都不會沒有回報。無論工作多卑微或討人厭，你都應該竭盡全力做好它，這才是實現生命偉業的精神。

除了工作，幸福之路別無他途。

第十章　實踐愛的方式

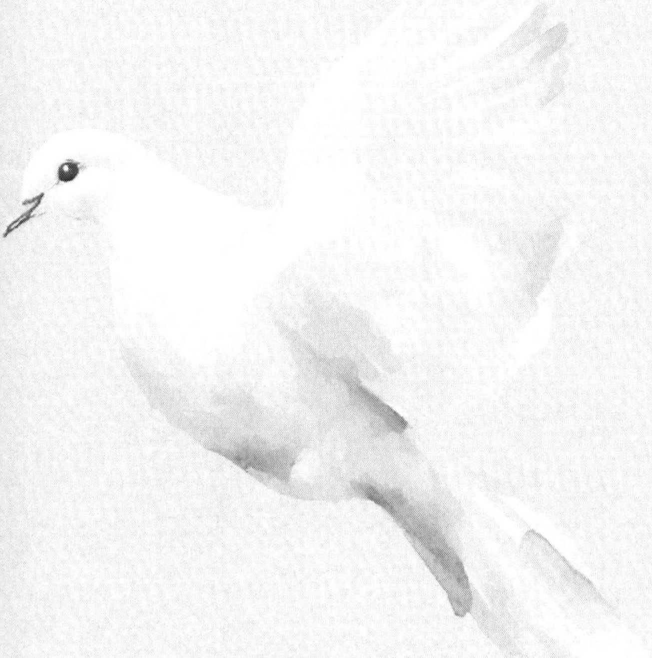

那是異常寒冷的一天，刮著刺骨的寒風。一位衣衫襤褸、彎腰駝背的老婦人，肩上背著一大捆柴火正在街上走著。忽然，她看見一位貧窮的盲人風琴師的帽子被風刮到了路邊的溝裡。很多衣著光鮮的人從旁走過，但他們只是把大衣裹得更緊一些，匆匆而過。老婦人停了下來，用顫抖的手指解開了捆在肩上的繩子，把柴火放下來，走過去撿起帽子，把它戴在盲人的頭上，對他說：「這天氣實在太冷了，你今天收入如何？」

「不怎麼樣，天氣太糟了。」那人回答說。

老人往盲人裝零錢的小杯子裡看了看，發現那裡幾乎什麼也沒有。這位好心人將手放進口袋，從為數不多的硬幣中掏出一枚並放進杯中，說了句「祝你好運」，便重新背上重擔上路了。

愛從不因為負擔太重而不行善，也從不因為太窮而不給予幫助，更不因為太忙而不願去幫助別人。愛總能找到付出的方式。

這是愛的方式。

紐約公立學校的低年級裡有一百五十多名盲生。這些孩子所學的內容和那些比較幸運的兄弟姐妹們所學的完全一樣。他們參加同樣的考試，按照同樣的標準進行評估。他們和正常的孩子坐在同一間教室裡，老師對他們一視同仁，並不因為他們有殘疾而給予他們更多的優待。

負責教育這些盲生的老師說，他們的最終目的是讓這些孩子忘記他們是失明的。這是愛的方式。

一位貧窮、腿部有殘疾的男孩，按照朋友們對他的殘疾的忽視程度來區分他們的等級。他說他經常遇見一些人，他們雖然沒有惡意，但他們仍然不停地提到他的缺陷。他們問他是否一直這樣、還有沒有救、他是否感到很痛苦等愚蠢的問題。相反，那些有愛心、有想像力的人們會站在他的角度為他著想，他們對待他從不讓他感到與別人有什麼不同，或讓他覺得處在劣勢的位置。他們從不提他的殘疾，就像它不存在一樣。他因為他們的溫柔而心存感激，這樣的人是他心目中的好朋友。

愛可以讓人忘卻煩惱、磨難和不幸的遭遇，並且增加人們的希望，讓他們看向未來。愛激勵人們克服困難，不被困難壓垮，讓生命充滿希望。好朋友永遠不會揭示我們的缺陷，也不會責怪我們的缺點和錯誤。伊莉莎白·弗萊（Elizabeth Fry）曾在倫敦監獄工作，有一位訪客問她一名女犯犯下的罪行，她回答說：「我從來沒問過她。」這位偉大的女性只是想幫助所有不幸的女人擺脫可怕的過去，盡可能地實現人生的最高目標。

這是愛的方式。

有一個故事，講述一位天使從天堂被派遣到倫敦參觀。一位嚮導引領這位神聖的使者參觀整個城市。這位嚮導帶著天使參觀了倫敦最好的美術館、博物館、最美的公園和廣場，以及許多名勝古跡和大都市的遊覽勝地。天使禮貌地看了這些，然後要求去參觀那些貧窮的地方——城市的貧民窟。嚮導解釋說那些地方很不好看，生活在那裡的人們低賤墮落，看他們只會讓他痛苦，最好不要去那種地方。但是，天使堅持說他要看到城市的全貌，於是兩人就前往倫敦的東區。

在那裡，嚮導向天使展示了哪些人曾犯罪，哪些女人墮落得不像女人，以及各種在監獄中度過多年的罪犯。然而，與嚮導預料的相反，天使並沒有嫌棄地走開，而是面帶微笑地走到他們中間，熱情地和他們打招呼，與每個人握手，告訴他們見到他們他有多高興。嚮導因此感到很羞恥，責備天使，並堅持說一個體面的人不應與這些人交往。

「他們是被社會排斥的歹徒，」嚮導說，「所有好人都與他們相隔絕。」

「他們沒有什麼區別，」天使說，「不管這些人以前做了什麼，他們都是上帝的孩子，他們是我的兄弟姐妹。我與上帝住了那麼久，我能在他們身上看見上帝。儘管他們現在處境悲慘，我仍能感覺與他們的親緣關係。我同情他們，可憐他們，我愛他們。」

愛不看人的缺點，它只看人的優點，並在人身上尋找最好的一面。無論一個人跌落得多深，愛仍然能在他身上看見上帝。

這是愛的方式。

當有人問一位富人他一生中哪一件事給他最大滿足的時候，他回答說，在一個貧窮女人的房子瀕臨被沒收危險時，他幫她付清了貸款。他說，當他告訴她這是他所做的事情時，那女人臉上浮現的幸福的微笑、歡喜和解脫的表情，帶給他的快樂比他所做過的任何事情所帶來的快樂都還有多。

真正帶給我們幸福的不是生活中的大事件，而是一些小小的善舉、微不足道的幫助、幾句暖心的話語和日常的愛心表達的總和。生活中的大事件只是偶爾發生，且只發生在少數人身上。但不管我們多麼貧窮，生活多麼平淡無奇，我們都可以做善心的慈善家。我們可以每時每刻以微笑、鼓勵和同情的方式給需要的人幫助，對一個沮喪的靈魂來說，這些比金錢更有意義。

這就是愛的方式。幫助別人越多，就越能緊密地觸摸到別人的生活，自己的發展也會越好，更多的愛和能力會回饋給我們。正如伊莉莎白·巴雷特·白朗寧（Elizabeth Barrett Browning）所說：

你幫助過的窮人，將使你變得富有；
你扶助過的病人，將使你變得強壯；
你所施捨的任何幫助，
都將反過來幫助你。

在幫助別人的時候，你失去什麼了嗎？為愁苦的人減輕重擔，為傷心失望的人給予鼓勵的時候，你後悔過嗎？在人生的旅途中，你曾後悔拿出一點時間、一點精力來散播陽光和鮮花嗎？

讓我們都去實踐愛吧！世界將因此而美麗、溫暖！

第十一章　養育子女

不久前，一位年輕母親向紐約地區法院提出申請，要把她的兒子送到少管所。當法官詢問其原因時，傷心的母親回答說她的兒子太調皮了，她實在是管不了他。法官又問那孩子，為什麼不能對媽媽好一點，像個男子漢一樣？孩子的回答讓法官感到震驚：「因為她打我的狗。」

原來鄰居送給男孩一隻三個月大的小狗，男孩非常喜歡，並且教小狗很多小把戲，例如向人作揖和用嘴叼東西等等。男孩為小狗建了一個小房子，還為牠買了一個項圈。

這位母親承認她覺得這隻小狗很討厭，因此經常抽打它，男孩的姐姐們也常這樣對待小狗。但她也承認自從小狗來到她家，男孩哈樂德不像以前那樣沒事就到街上閒逛了。法官建議她在決定把男孩送走之前，先做個實驗，尊重男孩對寵物的愛，不要責備他和他的寵物。

女人照著好心法官的建議做了。過了一段時間，她開始意識到男孩對那隻狗比她對她的兒子還好，她開始理解男孩並鼓勵他對狗也要和善，不再訓斥和鞭打小狗了。結果男孩變得越來越好。

父母和監護人對於兒童的寬容和愛，以及對於兒童天性的理解，即使只有一點點，都能對那些被視為「壞孩子」、「積習難改」的兒童產生巨大的改變！暴力和壓制只會促使兒童表現出不可愛的特質，如頑劣和粗暴，只要給予愛適當的機會，奇蹟隨時可能發生，愛是偉大的教育家，也是青年的偉大導師。就像唯有太陽才能催開花蕾，使鮮花綻放，使果實成熟，帶來芳香和馥鬱一樣，只有愛才能讓孩童健康美麗地成長，並喚起其真實、美麗的本性。

法官琳賽可能比任何研究兒童心理學的專家都更了解男孩和女孩成長的特點。她說：「孩子是神奇的生命、一架神聖的機器。我們對他們有很多期望，但他們對我們也有同樣的期望。從孩子身上獲得的大部分回報取決於我們給予他們的東西。」

兒童天生就會渴望美好和美麗的事物。他們崇拜英雄，對於反映人類最高級本性的英雄主義、忠誠、騎士風度和故事有著強烈的反應。兒童天生具備高貴品格，但錯誤的養育，如壓制、嘮叨、責罵、恐嚇，剝奪他們心靈的激勵如好書和好榜樣，以及不當的飲食習慣對身體的影響，這些都有可能使原本能夠出色的孩子變得可憐而失敗。

一般來說，孩子的命運與早期環境、父母、老師、同伴有很大的關係。孩子的天性品格和特點能否得以發揮，取決於這些條件。這些天性品格和特點，是孩子心中潛藏的種子。不稱職的母親和老師，往往只會吸引孩子身上壞的東西；而一位好的母親和老師，則會開發孩子身上最好的一面。所謂惡生惡、高貴生高貴，就是指這個意思。

若想得到孩子身上最好的東西，就不能壓制、監視、批評他們。我曾見過這樣的孩子，因為家長不斷地貶低、揭短，用愚蠢、飯桶之類的話責罵，而變得心灰意冷、對自己失去信心，不但不能以正常健康的方式發展，而且在課業、工作等各方面落後於他人。

我們經常聽到父母這樣對孩子講話：「快起來，你這個懶惰沒用的東西。你怎麼這麼笨呢？從沒見過你這樣的木頭腦袋！怎麼還不快點，你真沒用，簡直沒救了！」一段時間之後，這種貶斥就會使孩子心灰意冷。孩子將變得不再關心，不再努力做到最好，最終開始墮落。

孩子喜歡被表揚和欣賞。特別是那些比較敏感的孩子，對於表揚和欣賞更加需要。一旦這樣的孩子受到批評或打擊，他們很容易產生憎恨和反感。例如，有一位父親經常對兒子大發雷霆，毫不留情地打罵，甚至在孩子犯錯時也是如此。但他並不明白為什麼兒子不願與他交心。他抱怨說，兒子有事總是喜歡跟其他人談論他的理想和抱負，但卻不和他說。他當然什麼也聽不到，他有理由期望這個嗎？

父親先生，如果有人以這樣的方式對待你，你會有何感受？你會想與這樣的人成為朋友嗎？朋友之間是需要相互尊重和友好的。你應該知道，友誼是多麼珍貴的東西，你不能對朋友做出冷酷和無情的事情，並期望他們仍然維持著對你的友誼和愛慕。同樣的，如果你對待兒子的方式太過嚴厲，那麼你就不應該指望他會表現出天使般的特質。

你若不能做兒子的朋友，就不要指望他把你看成榜樣，或者一個好父親。你每次在憤怒中對兒子的懲罰，只會引起他的輕視。他知道你這樣做是因為你更強壯、你在展示父親的權利。

要想取得兒子的信任，就要像從朋友那裡獲得信任一樣，除此之外，別無他法。只有愛和尊重，才能換來愛和尊重。如果你以正確的方式愛你兒子，積極關注他的抱負和夢想，那麼當他感覺到你是他最好的朋友時，他會告訴你一切。

許多父母對孩子的任性感到頭痛，但孩子的任性通常只是想像的而不是真實的。很多孩子調皮搗蛋的行為只是表現出他們精力旺盛的一面，他們太活躍了，很難控制自己的行為。愛是唯一能夠控制他們的力量。

一位母親以最令人羨慕的方式養育了一大家的孩子。她從不體罰孩子，也從未罵過一個孩子。當她的第一個孩子出生時，朋友和鄰居們都說她太溫柔了，肯定帶不好孩子，因為她只以愛為手段，沒有管教孩子。然而，愛卻成為她管教孩子的唯一手段，且取得了驚人的效果！愛像一塊巨大的磁石一樣把她的大家庭緊緊連繫在一起。在這個大家庭裡，沒有一個成員迷失了方向。孩子們都成為了高貴、正直、自強自立的人。如今，他們把母親看成世界上最偉大的人，是母親開發了他們身上最好的特質。

即使孩子身上有缺陷和不足，父母也不需要強行矯正和壓抑，因為最好的東西掩蓋了這些缺點。孩子們崇拜他們的母親，發自內心的強烈情感壓抑了所有不良傾向的發展，如果不是愛，這些不良傾向可能會存在很長一段時間。

愛是唯一有效的方式。這世上不曾因為愛的方式失敗。就像自然定律一樣，愛是確實無誤的。

不久前，一位年輕的女社會工作者，成功地利用愛的方式改變了紐約東區的一群壞孩子，將他們成為了誠實、自尊、有理想的青年。據這位工作者說，他們以前「吸菸、賭博，是東邊最頑劣的一群男孩」。

這個女人做的第一件事就是，努力消除造成他們今天這個樣子的壞的影響力，代之以好的影響。於是，她把他們一夥，總共十八個人邀請到她家裡。第一次聚會是一場徹底的失敗。孩子們大聲吵鬧，整個家裡亂成一團，男孩們一點規矩也沒有，就像在他們的老巢裡一樣。但女人沒有失望，她繼續舉辦聚會，慢慢地這些客人對她的和善和真誠的關心有了反應。耐心的愛最終勝出。沒用多久，這幫孩子就被馴服了，他們對女人和她的父親表現出來的尊重，就像他們一直是在最好的環境裡長大一樣。

這是愛的方式。

大腦若沒有五官就成了囚犯。這五個感官能使我們與世界連接起來，失去這些連接，人就會變成無能的人。兒童的精力，在最初的幾年中，主要都是玩耍。幸福童年的三個基本條件是食物、愛和玩耍。除了食物和愛之外，玩耍對於兒童來說也是不可缺少的，因為它能夠開發心智、塑造身體和品格。然而，有多少父母對於孩子的這項權利一無所知或漠不關心。其中一些父母有點像我們早期歷史上的清教徒祖先，認為娛樂和玩耍是惡的象徵，缺乏虔誠的表現，是對精神生活的損害。但是現在我們知道，事實恰恰相反。遊戲中有許多對於兒童發展有用的元素，甚至比學校所教授的還要有用，儘管學校和遊戲都是必不可少的。

對於我們作為家長的朋友來說，縮短孩子玩耍的時間，甚至禁止孩子玩耍，並不是對孩子的愛。這將導致破壞孩子的均衡發展，剝奪孩子良好的感知和判斷力，而這些只有透過均衡發展的大腦才能獲得。

德國教育家福祿貝爾告訴我們，玩耍實際上是人類童年期最大的精神上的活動。他發現它是「典型人類生活的全部——是人及所有生物內在的、隱蔽的、天性的生活。因此，它能夠給予人快樂、自由、滿足、身心的休憩、平和的心境；它是所有美好事物的根源。玩得盡情、盡興的孩子將發展成有決心、意志堅定的人，能夠為自己和他人的進步和福祉犧牲自我的人」。

每個政府都應當確保兒童擁有不可分割的權利，包括公平的機會、健康的身體、良好的教育和道德修養，以及由此帶來的種種好處。如果所有文明國家把用於罪犯審判、建立監獄、管教所、精神病院和貧民院的費用花費在對下一代進行正確的培養和教育上，這些機構可能就不再必要存在。

在丹麥，兒童不僅在理論上是國家最大的財富，實際上也得到了這樣的待遇。國家監管和照顧每個孩子，無論貧富高低、無論屬於誰。不能因為父母的疏忽和漠視而讓孩子荒廢，這將對社會構成威脅。每個孩子都應當接受教育，以便成為獨立、自尊和身心全面發展的公民。

紐約用兩百五十萬美元建設假期班，遊樂場和各種娛樂中心，另外還用一千七百萬美元來管理青少年犯罪，而沒有遊戲的生活正是引發青少年犯罪的根源。

厄內斯特．凱．考特是《陰影中的孩子們》一書的作者，在紐約少年法庭對壞孩子的問題做了十年的研究。他的看法是，如果社會關注邪惡環境對兒童的危險，這個問題將成功得到解決。國家的愛、學校的愛和家庭的愛，尤其是家庭的愛，是孩子的偉大教育家和人格塑造者。這種愛不是溺愛，不是讓孩子成為自私殘忍的怪物，而是一種智慧而神聖的愛，知道如何管教和限制給予的東西。

許多自稱愛孩子的父母，實際上卻成為孩子最大的敵人。他們給予了錯誤的鼓勵，只發掘孩子不好的一面。這些父母過分關注孩子的需求，滿足他們自己的自私心理，不論孩子的要求多麼不合理，也試圖滿足，甚至為孩子做所有的事情，阻礙孩子透過自己的努力鍛鍊自助能力。這些做法將使孩子變得體格虛弱，性格軟弱，膽小怕事，不受歡迎。

當孩子假裝生病——很多孩子這麼做過，他們認為這樣做就可以待在家裡，不去上學——本來並不是什麼大不了的事，父母卻嬌生慣養、小題大做。如果孩子摔倒或弄傷了自己，父母更會心疼得已，任由孩子在可憐和同情下放聲大哭，而不是教育孩子要勇敢地像個男子漢一樣忍受疼痛和傷害，不要像個可憐蟲似的哭泣。

在類似的種種做法之下，軟弱的父母培養了自私的孩子，直到他們變得不可忍受。他們就這樣毀掉了孩子的勇氣和自信，讓孩子變成懦夫和可憐蟲，最終走向毀滅。很多犯罪的人都痛切地譴責父母，因為父母的溺愛是他們犯罪的首要根源。

不要為孩子做他們自己應該做的事情，要幫助他們學會自助。不要允許他們為了自己的欲望踐踏他人的權利。要讓他們看到黃金法則的美，教導他們在與同伴遊戲或與大人接觸時實踐這個法則。要教導他們尊重他人的權利，但不要忘記在任何情況下，他們自己也享有應該受到別人尊重的權利。

同樣，你不可能透過對立、挑剔、向他展示你性格中不可愛的一面，或者透過慫恿他的所有不合理要求而得到孩子的愛、欣賞和尊重，就像一個男孩不可能用同樣的手段強迫一個女孩去愛他一樣。

養育子女是世界上最細膩、最神聖的工作。它需要最高的智慧、最敏銳的辨別力和最大的耐心。愛已包含了這一切。

養育子女時，請嘗試愛的方式。

第十二章　如何減輕重負

「幫助他人」是西部一家工廠給予員工的箴言，它也可以成為我們每個人的座右銘。沒有什麼比幫助他人更能減輕我們自己的負擔了。

愛讓一個賣蘋果的窮婦做出了令那些抱怨生活艱難的人為自己的自我關注感到羞愧的事。內維爾·德維特·黑利斯在他的書中談到這個女人時說：

「一位英國作家在倫敦生活期間，發現了這個賣蘋果的婦女的生活故事。她的故事足以讓帝王皇后的故事顯得微不足道。她生活在貧困中，只有兩個房間的公寓是她的住所。然而，三個孤兒卻在垃圾桶裡睡覺，他們的命運比她更悲慘。她全心全意地照顧這些無家可歸的流浪兒，長達四十二年的時間裡，她撫養了大約二十個孤兒，給予他們家庭、床鋪、食物，教授他們知識，幫助一些孩子獲得生活技能，並且幫助其他一些孩子前往加拿大和美國。雖然作者形容她長得不好看，但當她去世時臉上的微笑卻非常美麗，正如愛默生所說的那樣，她「有一顆美麗的心靈」。她的故事雖然只是倫敦歷史上的甜蜜插曲，但她對社會改革產生了深遠的影響，並且在社會和文學史上將流芳百世。」

想想看，愛的力量是多麼奇妙。愛可以減輕負重、修正道路。如果沒有愛，勞作就不會變得甜蜜，自我犧牲也不會變成一種喜樂，人類還會是什麼樣子呢？如果沒有愛的改變力量，我們還會是原始的野蠻人。

愛是身體肌肉和所有感官的滋養品。對工作的喜愛就像陽光對果樹和鮮花一樣重要。對工作的愛可以拓展你的生活、增加你的能力。當一個人用心時，可以做得更多、更好。

母親們多年來為孩子所忍受的一切，若沒有愛在其中，她們早已被逼到瘋人院去了。愛減輕了她們的重負，擺脫了勞作的苦楚。唯有愛能讓貧窮的母親為了孩子頑強地與貧窮和疾病抗爭。愛使貧窮和犧牲不再讓人痛苦。事實上，有愛心的母親能為她的孩子做任何事情。為了孩子，母親可以克服一切困難，無論工作再髒再累，都能勇敢地完成。即使她已經勞累了一天，她仍然要抱著生病的孩子在地板上來回走，顧不上自己的睡眠和休息。這種情況可能會持續幾周，甚至幾個月，即便當她自己也生病需要休息的時候。對於有愛心的父親來說也是如此，雖然父親做的事情可能不像母親那麼繁重。但是，父親通常會花費半輩子或更多的時間成為他所愛的人的奴隸。但如果他是真正的男人，他不會抱怨。愛能為真正的男人和女人減輕重負，帶來歡樂。有愛的地方，重負也變得更輕。

遵守「為彼此背負重擔」的聖訓是生活豐富而美麗的最實在途徑。正是這一點讓林肯成為美國最受人愛戴的人。在這塊陸地上，沒有任何人像他一樣在生前和今天仍被人所愛，原因是他和藹可親的性格和助人為樂的精神。他總是樂於幫助他人，回報別人的好意。從年輕時開始，他就一直與人分享負擔。他為鄰居家的寡婦劈柴，幫助那些失業的人，為人跑腿，做各種雜事。實際上，他被稱作「那個幫助每個人的人」。

他的律師朋友亨頓（William H. Herndon）說：「當林肯所住的飯店擠滿人潮時，他經常放棄自己的床，睡在店裡的櫃檯上，拿一捲布當枕頭。不知怎麼的，每個有困難的人都向林肯尋求幫助。」

當林肯在春田市當律師時，有一天，他經過鄰居家門前，看見一個小女孩戴著帽子和手套，在門口傷心地哭泣。

「那是我第一次見到林肯先生」，多年後，當年的小女孩跟朋友講到這個故事的時候說，那時春田市的這位律師已經成了美國總統。「那是我第一次獨自和一個小夥伴坐火車旅行。那是我生活中的一件大事。我已經為之計畫和盼望了好幾個星期。那一天終於來了，但隨著出發時間越來越近，車夫還沒來拿行李。時間一分一秒地過去了，我難過地意識到我恐怕趕不上火車了。我正站在門口哭，林肯先生走了過來。」

「喂，怎麼了？」他問道。

「車夫還沒來拿我的箱子。」我回答道。

「箱子有多大？」他問道，「如果不太大的話，還有時間。」他推開門，我媽媽把他帶到我的房間，我那舊式的小箱子正等在那裡。

「哦，太好了！」他大聲說道，「快擦乾眼淚，跟我來。」還沒等我反應過來，他已經扛起了箱子，下了樓，大步走出了院子。他在街上以最快的速度走著，我一邊擦著眼淚，一邊小跑地跟在後面。我們及時趕到車站，林肯先生安頓好我，吻了我，說再見，還祝我玩得開心。

不管是處於困境中的小孩，還是為兒子的生命呼救的母親，這個偉大的、富有愛心的靈魂隨時準備減輕他們的負擔，幫助他人扛起重擔。這就是讓我們永遠值得尊敬和讚譽的林肯。

一支蠟燭用光照亮並點燃另一支已經熄滅的蠟燭，它並沒有損失。一個善舉，伸出一隻援助之手，也不會讓我們損失什麼；相反，無論你從事什麼職業，當你作為一個助人者、提升者、鼓勵者走過人生時，當你在日常生活中給那些負擔沉重的人、那些沒有你幸運的人一點幫助和鼓勵，你會發現你因此變得更加富有，而不是更加貧窮。對人友善、熱心助人的習慣不僅帶給你無限的滿足，還會增強你的才幹，因為它讓你更加快樂，而真正讓你快樂的事情也會讓你的能力成長。每當我們失去一次助人的機會，我們也就失去了為他人服務帶給我們的祝福和快樂。

杜蒙德說：「愛要慷慨地施捨窮人，不加以區別、不計算、不拖延。尤其要給富人，因為他們往往更需要愛。然而，對同等的人給予更多的愛是很困難的，因為彼此為對方做的最少。」

安德魯斯是一位著名的麻塞諸塞州州長，因為他對黑人的愛和同情而被稱作「大善人」。所有認識他的人都愛他，因為他的愛心是如此之大。當他去世時，許多窮苦、年老、衣衫襤褸的黑人男女陪伴他的棺木從波士頓到奧彭山行了五英里。

仁慈、友愛、隨時助人一臂之力的口碑比任何財富都更有價值，因為它代表了一生的服務和幫助。這種生活帶來的滿足感比財富能給予的滿足感還要大。有一位鄉村窮牧師就有這樣的口碑。有一天，當別人問他的兒子父親在做什麼時，兒子回答說：「我不知道他現在在做什麼，但我知道他一定在某處幫助某人。」我認識像這位牧師一樣的人，他們按照財產來說很窮，但他們總是幫助和鼓勵別人。他們總是願意伸出援助的手，去幫助鄰居或處於困境中的人。

沒有一個人太窮而不能以某種形式幫助別人。如果我們總是試圖讓自己得到最多的好處和最大的機會，這無疑會破壞我們的心靈。因為這樣做會謀殺人性中最好的東西，喪失最美的情感，並摧毀所有贏得愛和友誼的品格。

願世上的人們，請牢記這樣一句話：「我寧願做一個幫助他人、鼓舞他人的人，我寧願過得貧困，但擁有幫助不幸者、鼓勵失落者所帶來的滿足感，也不願生活在擁有帝王般的財富，卻精神貧乏、缺乏愛的世界。」

第十三章　生存價值

在「盧西塔尼亞號」(RMS Lusitania) 沉船事件中的罹難者中，人們對其中一個人，表達了更廣泛的同情和悲痛，他就是查爾斯・弗羅曼 (Charles Frohman) ——一位劇院經理，朋友和員工都稱他為「C. F.」。

「作家、演員們失去了一位最好的朋友。他的所作所為已經超越了任何一位劇院經理。」

「大人或孩子都沒有見過他生氣，也沒有聽過他抬高聲音講話。我從未聽說過他有仇敵，也從未聽過他說過任何人的壞話。」

「由於他在全球擁有特殊地位，他屬於全世界，就像我一樣，全球都將因失去他而感到悲痛。」

「我從未見過如次和善正直又慷慨體貼的人。」

「我懷疑在演藝界，是否還有其他人的慈善捐款能比『C. F.』還多。」他對我說過這樣的話：「如果我走了，能夠獲得所有演員、作家、同事和員工的愛和尊重，我這輩子就沒有遺憾了。」

「不論身在何處，在演藝界中只要有兩三個人聚在一起，不論是張貼海報的人還是名人，他們都會告訴你，『C. F.』是少數最公正的演藝界人士之一。」

以上這些紀念是對查爾斯・弗羅曼的悼念，發生在一九一五年五月的一場悲劇之後。這些聲音來自各方面，包括他的朋友、同事、雇員等。他們表達了對他最深切的哀悼，同時也強調了「生存價值」這一重要詞彙的內涵。

只有對人類有益的工作才能長久存在。這是對一個人的工作、人格和生活的檢驗，簡而言之，就是我們的生存價值。品行端正、樂於助人、行善、公益，這些才是經得起檢驗的。

歷史從不過問一個人留下了多少金錢，積蓄了多少財產，獲得了多少股票和債券，名下有多少土地房產。歷史對他的私人生活不加關注，對金錢的累積不感興趣。歷史在一個人死後所問的問題是：「他是怎樣的一個人？他為同類做了什麼？他是否為同胞增添了舒適、方便、安寧和幸福呢？他為人類做了什麼貢獻？」

世界珍視那些對文明做出貢獻、以某種方式改善了人類條件的人；世界愛那些對人類充滿同情的心的人。

施比受更有福。一切東西換成一雙好襪子。世界上有很多紀念碑，都是為那些具有高素質的人豎立的。世界不會為那些自私自利的人立碑。你與世界的關係是至關重要的，對世界有幫助的被記住，否則很快就被忘記。由於林肯對人類的巨大貢獻，他作為國際人物的形象越來越高大。英國的主要報紙刊發關於他的文章；英國的政客引用他的話和做法作為先例指導戰爭中發生的危機。

清朝駐美大使伍廷芳曾這樣描述林肯：「在林肯身上可以引用中國歷史學家形容中國古代最德高望重的首領堯的話：『其仁如天，其知如神；就之如日，望之如雲；富而不驕，貴而不舒……能明馴德，以親九族。』」

像林肯一樣，佛羅倫斯．南丁格爾（Florence Nightingale）這個名字也深深地印在人們心中。他們一個生於小木屋，一個生於宮殿般的家庭，但兩個生命全都充滿了為人服務的激情，他們值得全世界感激紀念，不僅銘刻在紀念碑上，也烙印在不滅的記憶中。

自克里米亞戰爭之後，在斯特拉福德爵士舉行的一個晚宴上，有人建議每人在一張字條上寫下最可能流芳百世的名字，當字條打開的時候，每個上面都寫著「佛羅倫斯．南丁格爾」。因為在克里米亞戰爭中，龐大的英國軍方無法為士兵們做到的事情，這個柔弱的女人用她的博大胸懷、用愛和同情做到了。

當佛羅倫斯．南丁格爾到達前線的時候，她看到因病而死的士兵比在戰場上戰死的還多。這是由於當時醫院的衛生條件不足，以及缺乏對傷者和病者的護理而導致的。南丁格爾以極大的愛心和智慧，迅速扭轉了混亂的局面，把曾經的瘟疫之地，變成了健康療養的地方。因此人們都叫她「克里米亞的天使」，因為她用心、用腦、用手所成就的工作，對當時來說是相當神奇的。

一位《時代》週刊駐克里米亞記者寫道：「每當病情最嚴重、死神離得最近的時候，你定會看到這個無與倫比的女人。在與死神搏鬥的時候，她的出現就是莫大的安慰。毫不誇張地說，她是醫院裡的『守護天使』，每個病人看見她苗條的身影在走廊上安靜地前行，都會感到寬慰。夜晚，當所有醫生都已休息，當寂靜和黑暗籠罩著一排排躺倒的病人，你仍能看見她，提著一盞小燈，獨自巡查。」

法蘭克．克林博士說：「如果一個人的心裡充滿了愛，行動上為他人著想，他不會出現致命的『問題』，他已揭開了生活的謎底。」

心裡充滿愛，你就擁有幸福，而這是用金錢買不到的成就感。如果將愛從這個世界帶走，我們還剩下什麼呢?可以確定的是，你就再也沒有偉大、永恆和有價值的東西了。

大約七十多年前，一位窮困的布列塔尼牧師想到窮人互相幫助。他每年只有八十美元的薪資，他的朋友和教區居民都是極度貧困的人。即使沒有多餘的資金，他仍然著手實踐這個想法。因此，他召集了一些朋友，向他們簡要介紹了幫助更窮之人的計畫。結果，在一條貧窮的街道上，一個貧窮的閣樓裡，以兩個老婦人作為第一批受益者的「窮人姐妹計畫」應運而生。儘管起步很卑微，但到現在為止，它已經發展成了一個跨越兩個大陸，每天為無數窮人和老年人提供食物、住所、鼓勵和指導的龐大組織。

年輕牧師的第一批助手包括女裁縫和女僕們，她們同意捐出微薄的收入來啟動這項事業。這個小小的團體已經發展成了幾千名婦女，僅在歐洲就有兩百五十多家老人和窮人的救助所。這些「姐妹們」拿著籃子或推車為「孩子們」(她們對救助所裡的被救助者的稱呼)收集善款，已經成為歐洲和美國大城市裡的一道風景線。

這位窮牧師名叫皮埃爾，他用八十美元的年收入建立了如此龐大的慈善組織。即使帝王將相都已被遺忘，他的名字將長久被人紀念。

同樣難以忘記的是喬治．慕勒（George Müller）。他於十九世紀早期在英格蘭的阿什力塘斯創辦了著名的孤兒院。他開始也沒有錢，但對窮苦的無家可歸的孤兒的愛使他堅信這項事業會成功。他的確成功了，完全由捐款支撐的這家機構，教育並撫養了成千上萬名孤兒。

另一位擁有偉大靈魂的人，是安妮．麥當娜。她是一個窮裁縫，幾年前在紐約去世，去世時把僅有的兩百美元留作遺產，用來啟動一個身障兒童中心。她覺得各種慈善事業照顧到了各方面，唯獨沒有考慮身障兒童。她生前總是盡力地幫助他們，並相信她留給他們的這一小筆財產會啟示其他更有能力的人為這些窮孩子建立一個家。這就是「菊苑身障兒童之家」的開端。這家位於哈德遜河的帕里什，在一片夏天開滿雛菊的廣闊田野上。身障兒童可以在此得到治療，直到完全康復、自給自足。

這些都是愛的方式。

一個只想到自己的人，不管他積蓄了多少錢，也不會獲得同胞的愛和尊重。要做一個有價值的人，只有誠實是不夠的，你還要當一個對別人有益、提升他人、有無私精神的人。

「錢多得數不清，朋友少得可憐。」這是人們最近對一個紐約人的評價。他累積了大筆財產，卻沒有一個真正的朋友，這個世界上沒有人愛他、敬重他。不管有多少財富，這樣的人對社會是沒有什麼益處的。這樣的人擁有的是一項債務，而非資產，他的影響力是破壞性的。

一個池塘裡的水需要有入口和出口，否則就會腐壞，滋生各種細菌，還會發出有毒的氣體，毒害周圍居民。人也是如此，接受的同時也要付出，才能避免停滯不前和墮落。一味索取而不思奉獻的人將會是社會的害蟲，他們只會釋放有害的東西。

獲得而不給予並不能帶來真正的收穫。自私和吝嗇的人永遠不會得到幸福。一位富人曾抱怨沒有人關心他的未來，人們只是想藉他之手獲利。他認為如果他失去了財富，人們就不會再來，即使他生病住院，也沒有人會探望他。

一個失去了朋友卻擁有財富的人是失敗的，無論他賺了多少錢。那些透過自私和貪婪獲得財富，不惜犧牲友誼和家庭，把全部的時間和精力都投入金錢遊戲中的人，最終只會失去自己，活得迷失。那些為了自己的利益榨取員工血汗、只進不出的人，是最可憐的窮人。他們的存在使世界變得更加貧窮，而不是更加富裕。他們的死亡不會讓人感到悲傷和惋惜。即使他們在死後留下了一筆捐款，建立了慈善機構、醫院或大學，由於他們生前的自私和貪婪，他們很快就會被人遺忘。只有那些對別人有益處的人才得以留名青史。

如果你的時間都用來為自己謀利，與他人的交往都以利益為出發點，當死神降臨時，你將不會留下任何空白，除了這兩個問題：

他到底是怎樣的一個人？

他的一生對人類有什麼意義？

第十四章　奇蹟製造者

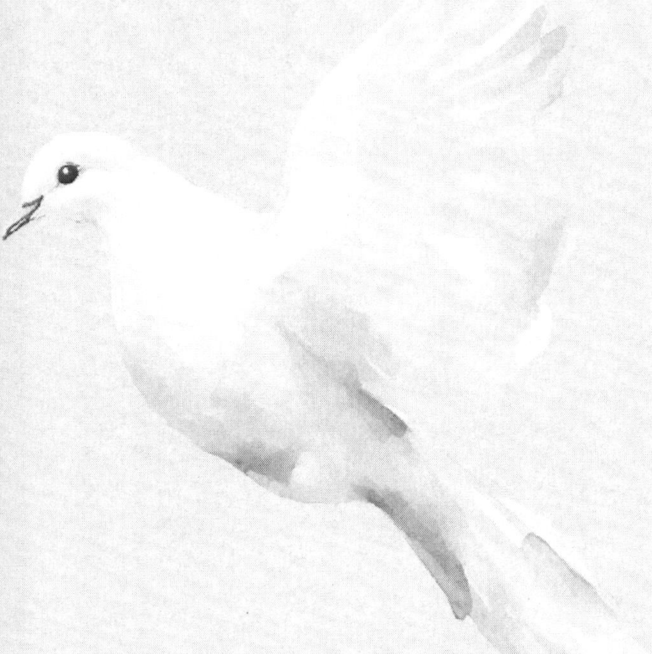

柏拉圖曾說過，愛在諸神中最古老、最高貴、最強大的，它是生活中的美德和死後幸福的最大創造者和賜予者。

有一名駐印度的英國士兵是個不可救藥的酒鬼，他屢次因為酗酒而被帶到長官面前受到嚴厲的懲罰。

一天，他又被軍士帶到長官面前。「他又來了，」長官說，「鞭打、羞辱、關禁閉，所有能想到的辦法都用上了，都沒用，他還是喝，真是沒救了。」

「請原諒他，長官，」軍士說，「我們還有一種辦法沒有試過。」

「哦，什麼辦法？」

「他還沒被原諒過，長官。」

「原諒？」長官叫道，一臉吃驚、茫然的表情，並轉向那罪人說道，「你對這個處分有什麼意見？」

「沒意見，長官，」那人回答說，「我只是很遺憾又喝醉了。」

「好吧，」長官說，「我們對你確實用盡了一切辦法，這次我們就按照軍士的辦法，原諒你了。」

長官講完話後，士兵眼淚順著臉頰流下，他像孩子一樣哭著，感激地退下了。從表面上看，他仍是個不可救藥的酒徒，然而，軍官第一次的仁慈深深地打動了他的心，他決心再也不酗酒了。講述這個故事的部隊牧師說那個人後來成了模範士兵，再也沒有因酗酒被責罵。原諒之愛在這位酒鬼士兵身上發生的奇蹟，證明了只要有愛在，奇蹟就會發生，因為愛繼續在各種人身上製造奇蹟。

在這位酒鬼士兵身上發生的原諒之愛的奇蹟，證明只要有愛存在，奇蹟就會發生，因為愛可以在各種人身上製造奇蹟。像《三樓裡間的陌生人》裡講到的一個人透過愛的力量改變了整座樓的人的這種可能性並非言過其實。看過這出劇，或讀過劇本的人應該還記得那個不同尋常的主人公，被稱為「陌生人」，他在看了倫敦報紙上的一則廣告「房屋出租，三樓裡間」後，租下了這間屋子。隨後發現這棟出租公寓裡面充滿了問題人物，其中有小偷、賭徒、流氓、惡棍、暴徒、勢利小人、悍婦、生活放蕩的人及各種缺乏善心的男人、女人，甚至有一個女人連蠟燭都偷。每個人都在欺騙彼此，反過來又被別人欺騙。女房東和房客一樣，她監視著房客，房客們也監視著她。她往牛奶裡混入水、往食物裡混入假成分；偷別人的東西；多收錢；為了防止被搶，把所有東西都上了鎖。

因為新房客不與他們同流合汙，他們全都嘲笑和捉弄他。然而，他並不在意，反而用善良禮貌的態度回報他們。除此之外，他似乎能夠看到每個人身上的優點和才能，這是他們自己都未曾發現的。在這些人邪惡、不誠實、放蕩、嗜賭的外表之下，他能夠看到這些不幸之人真實的一面。

他告訴那個惡棍，他有著強大的未開發潛能。他告訴那個暴徒，如果他真正做自己，他將會有出色的表現。他深信那個經常嘲笑他的年輕人具有偉大的藝術天賦，同時指出另一個人有非凡的音樂才能。他逐一鼓勵每個人，以喚起他們的本性，展示他們身上更好的一面。例如，那個暴徒和他的妻子試圖將女兒嫁給一個富人，而女兒並不愛這個人，但她仍打算為了錢而出賣自己，滿足父母的期望。新房客勸女孩要傾聽內心的聲音，要嫁給自己真正愛的男人，最終他也這樣做了。那個富人在新房客的影響下，成為了她的朋友，也幫助了她。

由於女傭在濟貧院待過，女房東便極盡侮辱之能事，罵女傭是蠢貨，什麼都不是。她強迫女傭工作，不讓她有一晚的休息。現在女房東的態度有了轉變。有一天，讓女傭大為吃驚的是，她對女傭說，她看起來太累了，不如出門去換換心情。以前嚴厲、刻薄的女主人變得善良而體貼，不再是一個殘忍的雇主，反而更像一位母親。

可憐的女傭也成為了陌生人關注的目標。他一再鼓勵她，告訴她她不是女主人所說的一無是處。他激發了她的自尊心和自信心。透過愛的力量，她最終成為了一個自立自強、高貴美好的女人。

在這種仁慈的影響下，凶悍的女房東也改變了。她不再在牛奶中加水、食物中摻假、偷房客的物品、鎖門防賊。她開始相信人、相信自己，更尊重自己和他人。對待女傭的態度也有了轉變，她不再像以前那樣侮辱和虐待女傭。

短短的時間內，寓所的氣氛發生了翻天覆地的變化。每一位居住者都受到這位溫柔、不事張揚的新房客的感染。他讓這些房客看到了更好的自己，讓他們放棄惡行從善，從而獲得新生。

這就是愛的力量。愛能讓人轉身，從不同的角度看待自己，用不同的方式面對生活。愛帶給人新的精神，慢慢地融入人的內心，排除那些自私、貪婪、不良善、不仁慈的因素。

愛是生命中最強大的力量，比賭博的本能、貪欲的本能和攫取的本能都更強大。愛能調和所有低級趣味和本能。正是愛的神聖酵母讓人性得以昇華。

雪梨·史密斯（Sidney Smith）曾說：「愛與被愛是世界上最大的幸福。」每個人無論貧富高低，都在尋找愛。一個男人為了贏得符合他理想的女性，或者說一個擁有他所缺乏的所有美好素質的人的愛，那還有什麼不能做呢？這種愛是一種神聖的渴望，一個想成為完美人的渴望。

認識這樣的女人，她們的愛心如此之大，舉止如此迷人，即使最頑固的男人也願意為她們做任何事情，甚至付出生命的代價去保護她們。對於這樣的男人，強迫和無情都無法奏效，只有愛才能觸及他們的內心。

為什麼一個粗魯、放蕩的男人愛上一個甜美、純潔的女人後，會立即改變自己的行為，變得更文雅、語言更文明、交友更慎重，至少在那段時間內各方面都像變了個人呢？這是因為愛是比放蕩更強大的力量嗎？如果他的愛是穩定真誠的，他就不會再陷入任何墮落的行為中。

我曾見過一個最為粗魯、墮落得不能再墮落的人，年紀輕輕就因各種罪過在監獄裡待了幾年。他向一個年輕漂亮的女教師講述了自己的故事，並愛上了她。她從一開始就對他發生了興趣，然後開始教他讀書。密切的接觸使她看到了他潛在的特質和能力，慢慢地她也愛上了他。

然後，愛的酵母開始發生作用。他的庸俗舉止開始淡化，他的言談舉止表現出更多的素養，以往的惡劣做法在慢慢消失，人也變得乾淨整潔起來。對工作表現出了更大的興趣，生平第一次開始存錢。最後，女教師嫁給了他，他徹底轉變，成為一個對社會有用的人。

與此同時，我又想起一個類似的例子：一個非常悲觀、性情憂鬱的人絕望地愛上了一個溫柔的女孩，女孩也愛她，並相信能改變他。他的憂鬱症發作的時候，經常會持續好幾天，這讓他感覺異常痛苦，覺得生活沒有任何意義。

女孩嫁給他後，很快就經歷了他的性格帶來的惡劣影響。但女孩並不氣餒，用各種方法嘗試改變他的心情，讓他輕鬆度過憂鬱的時間。這個女孩學過哲學，因此她總是明朗、愉快、充滿希望。她不斷地告訴丈夫，幸福是他與生俱來的權利，他不應表現出任何不幸的特質。她提醒丈夫只要相信一切都是美好和真實的，那心中渴求的所有的好東西都會屬於自己。

當然，這一過程是複雜且充滿挑戰的，儘管如此，年輕的妻子並沒有停止自己的努力，無論為丈夫做什麼，她總是用愛的方式對待他，讓他知道愛是所有弱點、不幸、困難的醫治良膏。

對於女孩而言，這可能是一個危險的實驗，但最終卻有神奇的結果。在實施了幾個月的愛的療法之後，這個人的性情、外表、言談舉止和生活習慣都發生了巨大的轉變。他的老朋友們幾乎都認不出他，他的轉變就像一株植物從不適宜的環境被帶到了溫暖宜人的環境中一樣。新的環境和妻子的愛滋潤了他的性情，激發了他的潛能。他在結婚之前表現的是低級的自我，而現在，他在生活中綻放出美麗的一面，成為堅強出色的人。因此，他表現出了更高級、更真實的自我。

對於一個軟弱、懦弱的人來說，愛看見的是一個英雄。在最卑微的人身上，愛看見的是好公民、好丈夫、好父親。不管我們墮落得有多深，這個形象都在我們身上存在。這是因為愛總是能看見我們內在神聖的一面，拒絕看其他的東西。

慈愛的母親看不見兒子身上的罪犯形象，無論他的罪有多深，她都能越過它們，看到兒子理想的形象。

我們是否經常聽到這種說法：「真不明白那母親看她那醜陋的孩子怎麼那麼好。」但母親確實在「醜陋的臭孩子」身上看見了美麗的東西。她看見了孩子的潛力，而其他人卻看不到。她看見未來的他會成為一個好丈夫、好父親、好公民。母親不像其他人那樣看到孩子的平凡，她看到的是一個優秀的人。對於跛足的女兒，母親也越過了身體缺陷，看見了女兒的靈魂和真實存在。她看見的是甘願為別人做出各種犧牲的完美的女人。

一個忠實的妻子，儘管有時會感到失望，但她在所愛的男人身上看到的不是不誠實、粗魯、好色的丈夫，而是還有很大改進空間的理想丈夫。丈夫在與之結婚的女人身上看見的也不是嘮叨、碎嘴和任性的妻子，他看到的與他最初愛上的純潔、美好的理想女孩一樣。

愛看不見惡，不思想惡，不認識惡，它只看見、思想、認識美好、純潔、乾淨、真實的東西。愛在這個世界上散發著陽光和愉悅，保持著每一寸空氣清新，從不去看人性中的缺點，因為它忙於尋找人的優點。

很難想像，如果不是愛看見了理想的、完美的人，而是憎恨與各種錯誤所造就的虛弱、無能和可笑的人，人類會變成什麼樣子。

白朗寧曾說過：「愛是生活的動力。」愛無疑是我們所知道的最大動力，是愛推動著世界。人身上再沒有任何力量能及得上愛一半的力量，也沒有其他力量能把人提升到如此神聖的高度。

第十五章　我們的兄弟姐妹

那故意用腳踩小蟲子的人，我不會將他列為我的朋友（無論他品味多麼高雅，舉止多麼優美，卻缺乏情感）。

一位著名的狗狗訓練師曾說過：「為了讓我開心，我的狗會願意做任何事情。」打罵是沒用的，這只會引起恨意和抗拒。他說，無論失敗多少次，他的狗都會一遍又一遍地做他要求的事情，因為狗知道在成功時，會得到最渴望的東西——不斷地撫摸和稱讚。

愛能使狗脫離狼的野性，成為我們最忠實、最有愛心的動物。愛也能讓凶猛的野貓變成家貓，其他家畜也是如此。慈愛馴化了森林和叢林中的野生動物，讓牠們成為家庭寵物、孩子們的玩伴和保護者。

偉大的畫家和動物愛好者羅莎·邦賀（Rosa Bonheur）曾從一個動物園主手中買下一隻據說難以馴服的獅子。但她相信愛可以成就不可能的事情。「要贏得野獸的愛，你必須先愛牠們。」羅莎這樣說。不久之後，她的愛改變了馴獸員認為無望而放棄的獅子。她常常撫摸牠，與牠玩耍，就好像這個大傢伙只是一隻小貓。當這隻獅子又老又瞎死去時，牠深情地把大爪子搭在用愛馴服了牠的女主人身上。

我們對動物的愛越多，牠們就變得越溫柔、越容易馴服。看看被當作寵物養大的牛和馬的表情吧！牠們的表情就像我們一樣，不會傷害孩子。我們愛和信任牠們，牠們也會愛和信任我們。

在紐約的一次展覽會上，人們看到一匹能做出很多神奇事的馬。牠的主人說，在四年前，牠還是一匹性情暴躁的馬。牠狂躁、野性、又踢又咬，做盡了壞事。四年的關愛使這匹野馬變成了世界上最善良慈愛的動物。牠不僅溫順馴服，還能做各種超乎尋常的事。牠能數數，做簡單的加減法，還能拼出很多單字，甚至還能理解每個字的意義。牠好像什麼都能學會，這項轉變使牠奇異稟賦的祕密就是仁慈和愛。馴馬者說，在四年裡，他從沒對牠使用過鞭子。

多年前，丹尼爾．伯英頓先生就向德克薩斯的牛仔和其他人證明了比殘酷、簡單地「制服牠」更好的馴馬方法。

一位作家說：「一開始，當『丹大叔』要來的消息傳來，他就成了眾人嘲弄的對象。牛仔們把方圓幾里的難馴的『壞馬』聚集起來，等著看牠們怎麼『把大叔累趴下』或『徑直把教授摔到畜欄外面去。』」

「當他們看到『教授』只拿了鞭子和繩子，卻沒有其他任何工具，他在三四個小時之內就把那最難馴的馬馴服了。當他們看到那顫抖的『壞蛋』用鼻子蹭他的肩膀、吃他手中的食物時，他們都說這是催眠術和魔法。他們說他下了什麼藥，並私下賄賂他說出藥方。」

「『丹大叔』只是搖頭大笑，他的回答始終如一：『孩子們，我所用的唯一的魔法就是黃金法則呀！想像自己是一匹馬，你要讓別人怎樣對待你，你就怎樣對待牠。』任何人都沒有必要打罵馬，因為只要你仁慈、有耐心，沒有哪個生物比馬更忠誠了。教牠愛你、信任你，給牠時間明白你的想法，然後牠會心甘情願，而且很樂意、很驕傲地為你服務。馴馬時人所能用到的最大魔法就是仁慈。」

在城市街道上，每天都有成百上千的高貴動物遭受虐待。我們經常看到車夫無情地鞭打著駝著重擔、疲憊不堪的可憐馬，但卻沒有人提出任何抗議。我們知道虐待可憐的動物是不對的，但我們卻因過於膽小，害怕被車夫責罵和嘲笑，低頭走過，留下無助的動物在痛苦中煎熬。

缺乏勇氣和害怕被嘲笑，令許多人在做善事之前裹足不前。只有少數有骨氣的人才有勇氣為了愛勇敢地面對別人的嘲笑。

一個寒冷的冬日，一個女人看到街上一匹馬身上蓋的毯子被風刮掉了。馬渾身冷得發抖，她便走過去拾起毯子，重新披在馬背上。但風很大，毯子又被刮掉了，女人又一次幫牠蓋上，並把毯子塞緊，又拍拍馬的頭。一群男人聚集在人行道上，一邊看著她一邊說：「那女人怎麼了？她真奇怪，簡直不可思議。」一個衣著不俗的女人在大街上拾起毯子蓋在馬身上，是他們無法理解的事情，他們都覺得她不正常。

阿爾伯特．哈伯德曾經說過：「當一個人忘記了他那些不會說話的兄弟，對牠們的不幸、痛苦和恐懼漠然視之，他就失去了自己的靈魂。我們是否是不會說話的動物的保護者？當然是的，我們還應該對我們的管理做出詳細報告！」

我無法想像一個人凝視著狗的眼睛時，怎麼可能看不出自己和牠的相似之處，以及內心深處的感應。對我而言，從中我可以看出一種神聖的奉獻精神和愛的精神。你、或任何人，怎麼可能虐待一隻狗呢？當你打牠時，牠反而會更加無助地依附於你。也許你從未意識到，對牠而言，你代表著什麼。你是牠的上帝，是牠食物的來源、愛的來源、一切的來源。對牠而言，你是宇宙中的至高者。當你虐待牠時，牠會感到極度痛苦，因為覺得自己與最大的力量相分離。若不重新與你建立連繫，牠將是毫無幸福可言的。

下一次，如果你想虐待你的狗、馬或任何不會說話的動物，請你看著牠的眼睛，看你是否能注意到這些牲畜透過牠們的眼神所傳達的訊息。這些動物也有自己的權利，人類應該尊重這些權利，就像尊重他人的權利一樣。

讓成長中的孩子們懂得愛護和同情動物是相對容易的，這種情感的培養會對他們未來的人生產生深遠的影響。教導你的孩子們，真正的人應該保護無辜和無助的動物，絕不能傷害牠們。我非常贊同這種觀點：「如果現在的孩子都能明白這種責任，感受到對這些無助的動物和殘疾貧窮的人的同情、保護和愛，那麼世界上的大部分痛苦和罪惡都會在這一代人身上消失。」

在一次對西班牙的戰爭中，一位美軍軍官注意到一位士兵身上扛著兩把槍，分別是他自己的和另一位受傷士兵的，兩個彈匣，兩個背包，還抱著一隻狗。那天很熱，很多士兵都累到趴在地上了。軍官叫住士兵說：「你是不是整晚都在行軍？」

士兵說：「是的。」

「你是不是打了一整天的仗？」

「是的，長官。」

「你從今晚十點開始都在行軍嗎？」

「是的，長官。」

「那麼，」軍官喊道，「你搞什麼名堂，還抱著那隻狗？」

「哦，長官，是這樣的，我覺得這隻狗太累了。」

這個年輕人表現得非常出色，很明顯他在童年時受到了正確的教育。儘管肩負著兩個人的裝備，他仍然認為有必要分擔狗的負擔，因為他的狗太累了。真正的人總是既勇敢又溫柔。

大部分男孩都經歷過所謂的「探索」年齡層，這個階段往往帶有毀滅性。他們想擁有一支槍，想射殺任何東西。一旦狩獵被認為是「男人的運動」，很難再讓他們相信為了樂趣而濫殺動物實在沒有什麼男子氣概。相反，保護鳥和動物免受不人道的屠殺才真正具有人性。

以屠殺動物取樂純粹是野蠻行為。人怎麼可能從動物的痛苦中得到真正的樂趣呢?比如說，殺死一隻帶著熊崽的母熊，那些可憐的、悲傷的熊崽在死去的母親身上爬來爬去試圖引起母親的注意。我無法理解為什麼有些人明知鳥媽媽還有幾個嗷嗷待哺的鳥寶寶在巢裡等著牠回來，還要折斷這鳥兒的翅膀。有什麼樂趣可言呢?這些獵人似乎沒有意識到這些小生物的家和他們的家一樣神聖，可是牠們卻在瞬間被破壞了，雙親被殺死，幼崽忍飢挨餓或死掉。

「那些僅為自己的娛樂而屠殺動物的人，該如何評價他們的靈魂?」我懷疑這些人是否讀過「憐憫者是有福的，因為他們將得到憐憫」這句話。一個對可憐無辜的動物沒有憐憫心的人，如何期望得到憐憫呢?

那些以殺戮為樂趣、為運動的人很快就會被標籤為「非人」，受到體面人的唾棄。許多人向我表示，他們為過去從事這種野蠻的運動而感到羞恥。

那些雖不狩獵，卻隨意遺棄家庭寵物，讓牠們餓死或殘忍地死去的人，是否更冷血呢?不久前，一家動物保護協會僅在七月分就收養了成千上萬隻貓和狗，其中大部分，尤其是貓，是主人出城度假時遺棄的。

一位阿拉伯男孩對待一隻病羊的故事是對這種殘忍的有力駁斥。這位男孩用他那破舊的帽子幾次到井邊接水，然後送到倒在路邊的病羊身旁，使牠很快恢復體力，趕上了羊群。這時，旁邊有人開始戲弄男孩，問他羊是否對他說了「謝謝你，爸爸」。

「我沒有聽到。」男孩說，但臉上卻顯露出善良所帶來的快樂。這位衣著破舊的男孩讓旁邊許多路人顯得卑微，因為他們沒有伸出援手幫助可憐的羊。

一位具有新思想的作家在呼籲為所有生物帶來公正、愛和仁慈的時候說：「我們是那些不會言語的動物兄弟的代言人。我們發出它們的痛苦聲音，並大聲呼籲公正和愛。」

在人類早期歷史中，權力是一切，弱者懼怕強者，動物更別提有任何權利。有了愛後，人們漸漸明白所有生物都是一體的，我們所稱的「低等動物」實際上是我們的小兄弟姐妹。

第十五章　我們的兄弟姐妹

第十六章　何以為家

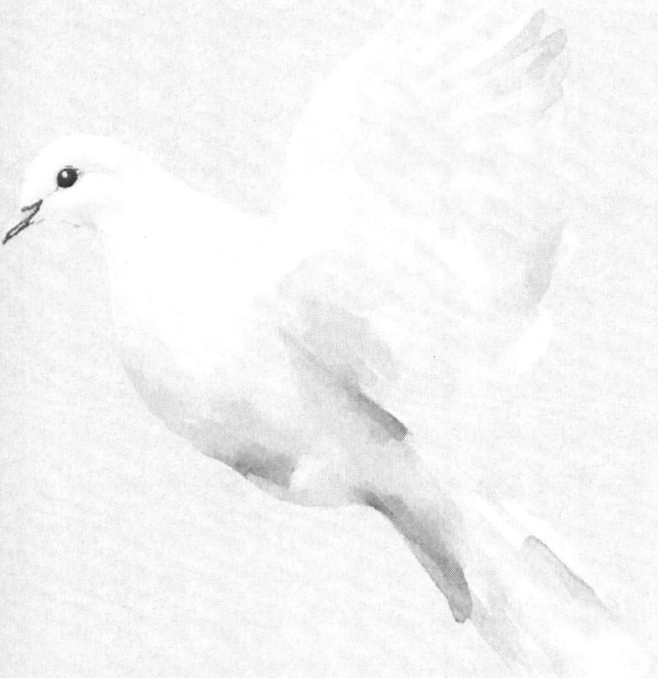

歌德說：「無論是帝王還是平民百姓，只要家庭和睦，他就是最幸福的人。」

只要有愛心、相互幫助和自我犧牲精神的地方才能存在和平，它可能在四面牆之間的房子中、帳篷裡、森林、草原和沙漠中。它可能存在於宮殿、茅屋，甚至馬廄之中，就像聖嬰和聖母所在之處。它不依賴於物質，而是生於一種精神，只能透過友誼、愛和同情來維持。

有一次，當我到朋友家中拜訪時，其中一個成員對這個家所做的努力讓我深受感動。儘管她只是這個家中最小的一個小女孩，但她似乎承擔了已故母親的角色，成為了這個家的中心。每一件大事小事都必須先經過她的商量，每個人離開家前都要先和她道別，回家也是先找她。他們似乎都急於和她分享心聲，告訴她一天中發生的事情，請求她對各種事情的看法和意見。連父親也像其他家庭成員一樣依賴她。

這個女孩影響力的祕密在於她的無私和對別人身上發生的一切事情的興趣。我在與她的兄弟閒聊中發現，他們每個人都認為妹妹對他的事情最感興趣。當他們遇到重大的事情時，都會先和她商量。與其他女性相比，他們更喜歡與她一起行動，為能和她到處走而自豪。這幾個男孩都是純淨、開放、坦率，且有著騎士風度的人。這一切都要歸功於他們兄妹之間的愛。

這個家之所以成為世界上最甜蜜、最美麗的地方，正是因為愛的氛圍和諧的氛圍散發出寧靜、安全和力量的感覺。當我們進入這樣的地方，就能感覺到令人放鬆、踏實和向上的影響力。這種心靈的平和是在別處無法體會到的。

愛的情感在身體裡起作用時會影響我們的健康和性格。溫馨、力量、平和和滿足支撐著我們。除了邪惡，長期的不和諧和嫌惡感對身心的影響最大。和諧使我們更強壯，而不和諧則使我們虛弱。長期懷有不和諧情感的人的性格會變得多疑而自私。不和諧的家庭不但是不幸的元凶，也是疾病的禍首。在有不斷的摩擦和挑剔的家庭裡面，會有一個長期患病的人。通常是那個脆弱、敏感的成員常年患病，卻沒有醫生能正確診斷出病因，因為問題來自於家庭的不和。

幾年前，我在聆聽一個演講者的演說時，他說在座的大部分人可能來自地獄，即家庭不和、事業不和的地獄，嘮叨、批評、懷疑的地獄，憎恨、嫉妒、痛苦的地獄。他的估計沒有錯，確實有很多人有足夠的錢能買他們想要的一切，唯獨買不到和諧和幸福。因為這些是無法用金錢取代的，因此就有無數的人生活在地獄之中。在他們的生活中沒有愛，只有嫉妒、憎恨和紛爭，因為愛無法生活在不和與紛爭之中。

令很多富人失望的是，他們發現愛似乎不喜歡金錢。他們對愛住在家徒四壁的茅屋感到驚訝，卻遠離宮殿般的住所。我想起兩個這樣的家庭。一個家庭生活條件普通，家裡只有簡單的家具，生活方式也很簡樸，但一踏進這個家，立即就被一種真正的家的氛圍所包圍。另一個家財萬貫，在紐約最繁華的地段，家裡什麼都有，到處都是珍貴的藝術品、名畫、昂貴的裝飾品、進口的地毯等各種奢侈品。主人告訴我那幾件掛毯就花了他幾十萬美元。他的書房藏有不少代表大筆財富的稀世珍品和藏書。可是那天我參觀這座大宅子時，只感覺它更像一座冷冰冰的博物館，而不是一個家。在這裡完全沒有家庭的甜蜜溫馨，而這正是使木屋變成天堂的原因。

後來我終於明白了缺少溫馨的原因，住在這宮殿裡的夫婦倆長期不和。他們什麼都不缺，唯獨沒有愛與和諧。缺少了這些，無論有多少錢都是沒有價值的。金錢買不到同情、相互幫助和愛，沒有這些便無以為家。後來離婚結束了兩個人的貌合神離。

女性是家庭氛圍的主要創造者。她們可以將一棟房子變成一個家，最重要的是用一種精神讓家變成一個神聖的地方。男性可以提供維持家庭所需要的物質支持，但是他們無法為家庭注入靈魂，只有女性知道如何讓家充滿歡樂。

很不幸的是，有些女性也需要承擔家庭不幸福的責任。許多女性過分細心，對於無關緊要的小事過於擔心，甚至破壞了家庭的平靜。她們的嘮叨打破了家庭所提供的安寧、自由和休息。她們不斷提醒誰將信封或紙弄丟了，誰帶進泥土或灰塵的靴子，誰把地毯弄皺，誰把帽子或大衣留在椅子上等等。這不僅讓她們自己感到疲憊不堪，也讓其他人感到緊張，結果使丈夫和孩子無法從家中獲得真正的家庭氛圍。

如果一個家庭受到不斷的限制，就不可能真正享受到安寧和幸福。一個不能給家庭成員完美自由和舒適的家庭，不會成為心靈疲憊者的磁鐵，也不會成為思鄉的遊子們渴望回歸的地方。那些讓丈夫和孩子倍感不適，自己也感到煩躁不安的女人，也許認為自己效率很高，但作為家庭主婦，她們是失敗的。此外，她們還失去了或至少減少了家人的愛和尊重，儘管她們如此努力，但方法是錯的。她們沒能讓家人把家看成是最溫馨甜蜜的地方；相反，當晚餐結束後，父親和孩子們就會急於尋找各種藉口逃離家門，去其他人家或不同的環境中尋找自己的樂趣。

有些妻子在試圖改造丈夫時犯下了錯。她們過分強調丈夫的錯誤和缺點，不斷指出丈夫的弱點，卻從未對他們的優點和強項加以鼓勵和讚揚。然而，嘮叨和挑剔並不能改變一個人，只會使他們更加消極。因為不斷地批評只會引起對方的反抗心理。

當妻子不斷向丈夫描繪酗酒或其他不良習慣的危害，並告訴他如果不改掉就會遭受到某種不幸的命運時，她實際上是在激起他的叛逆心理，完全失去了對他的影響力。所有的男人都討厭這種做法。當受到攻擊時，自衛、抗拒被驅使和強迫是人的本能。我們只能用更好的東西作為替代來引導對方放棄不良習慣。

因此，可以說，妻子或丈夫試圖改變對方的某些方面，也許是某種不良習慣，也許是更重要的事情，這是導致愛情逃離家庭和不幸的婚姻生活的原因之一。

我們都知道，改變缺點的唯一方法就是用更好的東西吸引他們。如果你想讓孩子放下刀子或其他危險物品，你應該給他一個玩具或他更喜歡的東西，他就會自動放棄你不想讓他拿的東西。但如果你想從他手中搶走或強迫他放棄，你只會引起他的對立和反抗。男人和女人只不過是長大的孩子。

一般來說，男人常常是家庭不和的罪魁禍首，因為他們往往忽略了在家庭幸福方面的責任。儘管婚姻是一種合作夥伴關係，男人傾向於認為自己是所有權人，是這所房屋及其內部一切的真正主人，除了提供物質條件外，不承擔任何其他責任。

我認識這樣的一個男人，他能力很好，在公司被同事視為楷模。在外面，他溫和、冷靜、自制力強，在朋友中非常受歡迎。他慷慨捐助公益事業，名字常常位列各種捐獻榜單之首。總之，他在社會上被認為是一個好公民和許多方面的模範男人。但是回到家裡，情況就不同了，他把一切約束和自制都拋開了。他想的是：「這不是我的家嗎？不是我用錢建起來的嗎？我在維護它，付各種帳單，這裡的所有人不都依附於我嗎？在我自己的家裡，為什麼要約束自己呢？世界上總得有一個地方，可以讓男人隨心所欲地說話和表達感想吧！」

由於他工作很努力，下班回家時常常筋疲力盡，神經也幾近崩潰，他就常常拿家人當作發洩的對象。一進家門就開始咆哮，只要有東西放錯了地方、打破了，都可以成為他發洩的藉口。孩子們看見他臉上的陰霾就害怕，他一發瘋似的吼叫，孩子們就跑得無影無蹤。這讓他更加生氣，他會追著孩子們問為何不聽他教誨還躲開他。

如果僕人不慎打碎了碗盤，廚師燒焦了飯菜，或沒有做出應有的口感，或者出現了任何小錯誤，他都會在任何場合不分時間地像瘋子一樣大聲吼叫，甚至在用餐時也不例外。他的行為使家裡成了地獄，讓裡面的每個人都感到不安，和平與幸福似乎在這個家中變得不可能。

許多男人都有這樣的問題，他們在外面像紳士一樣，但在回到家時就變得像豬一樣骯髒。也許他們沒有意識到自己其實是懦弱和危害他人的人。當然，每個人都知道妻子和孩子不敢反抗。也許他不知道自己這樣的行為引起了家人對他的蔑視，也破壞了家庭的愛。

我們都知道，老師一旦發怒，全班都會產生連鎖反應。同樣的情況在家庭中也很常見。當家庭成員中的任何一個人出現敵對心態時，整個家庭的和諧就會被破壞。如果父親在早上因某些事情發火，全家都會受到震撼，即使他離開家之後，和諧也很難重新建立起來。家庭是我們國民生活、進步、幸福和成功的基礎，一個男人，最根本的盼望無非是妻子、兒女和一個家。無論他受到怎樣的磨難，無論他多麼貧窮失望，都不會失去這個夢想。他幻想著自己的理想家園，就像建築師構想自己的宏偉藍圖一樣，對理想家園的追求是世代人們的偉大動力。自古以來，人們為了名譽和地位做出了重大的犧牲，但為了實現家庭的夢想，他們願意忍受各種痛苦和困難。

當家庭的物質基礎已經實現，幸福的美夢被丈夫或妻子輕易粉碎，這真是一件令人遺憾的事情。究其原因，很多夫妻沒有意識到婚姻的本質是妥協。家庭要想長期保持幸福和諧，就需要夫妻雙方心甘情願的妥協。這是和諧存在的基礎，因為沒有兩個人是完全一致的，而且每個人在每件事情上都有不同的看法和感受。

然而，遺憾的是，家庭幸福有時候不會因為某一方有重大問題或嚴重缺陷而破裂、拆散或長期不和，而是因為日常生活中的一些瑣碎問題而起摩擦。一個喋喋不休、煩躁不安的男人或女人可能會破壞家庭的和諧，給每個人帶來痛苦。吹毛求疵、抱怨責罵、相互誤解是家庭幸福的蛀蟲。

家庭的幸福和孩子的健康成長取決於夫妻的幸福婚姻。在幸福的婚姻中，夫妻互相承認彼此的不同，努力適應對方，因為男人和女人是互補的。

喬治．艾略特（George Eliot）曾說：「對於兩個靈魂來說，還有什麼事情比感覺他們是一體的更為偉大呢？在勞動時互相幫助，在痛苦中互相扶持，在生病時互相照顧，在臨終分手時於默默無語的記憶中合而為一。」

當男人和女人以這樣的心態結合在一起，當他們在各種困難中堅持這種心態，無論是住在簡陋的小屋還是西部草原上的窩棚，他們都可以擁有一個幸福的家。

第十七章　陌生人，我為什麼不能跟你說話？

在街上遇到我們的戰士和水兵時，我總是第一時間伸出手，表達我對他們的感激之情。我知道他們為了我們放棄了職業和家庭，甚至為我們去戰鬥，對他們來說，這比生命還要寶貴。如果我從他們身旁經過而沒有任何表示，那似乎就太冷血了。然而，現實中的鐵律卻抑制了我的本能反應，使我經常只是默默地從他們身旁走過。每當這樣做之後，我都會深深地懊悔，因為我沒能表達感激之情。我想對他們說一聲「謝謝」，也想給他們一個微笑，但是我總是被世俗的鐵律所束縛，無法表達我的真實情感。

「陌生人，當你路過遇見我，你為什麼不能跟我說話？我為什麼不能跟你說話？」華特．惠特曼（Walt Whitman）如是說。

這將是愛的方式，但習俗卻說：「不，你不可以和陌生人說話。」而我們都會遵從這條規則。

這種冷漠使得像紐約、芝加哥、舊金山這樣的大城市對於陌生人，特別是外國人而言，成為人類生活中最孤獨的地方之一。每天看著無數張陌生臉龐，卻從未有人對你示以友好、問候或者給予微笑和認可，這令人感到極度沮喪。這種現象似乎十分殘酷、不夠文明，但其實並非因為人們不願意友好相待，而是由於社會習俗使然。

那麼二十世紀的我們為什麼還要讓這種習俗繼續存在呢？為什麼陌生人之間不能相互微笑、友好地表示呢？畢竟，我們所謂的陌生人實際上都是我們的兄弟姐妹，只是因為世界太大了，我們很難有機會去認識更多的人。

那種認為在正式介紹之前不能與陌生人講話的想法，有些不人道，也不自然。遇到陌生人，就像一個兄弟姐妹離開家鄉幾年後回來，發現家裡多了許多新的兄弟姐妹。我們不認識的很多人，在興趣愛好上可能比我們的家人更相似。我經常遇見一些人，他們的臉告訴我他們是我的兄弟姐妹，不僅因為我們屬於一個大家庭，還因為我們是相連的，因一種情感上的相似性而相連。我的心不由自主地傾向於他們。我渴望停下來告訴他們我想認識他們，他們臉上有什麼東西吸引了我。我能從中讀懂令我感興趣的故事，我知道那兒有我需要的東西，我也一定有他們感興趣也許還能幫助他們的東西。他們不僅表情和善，而且經常看起來好像知道我在想什麼，並為習俗禁止我們講話而感到遺憾。

有人反對說，在不了解對方情況下與陌生人交談會導致不良結果，尤其對女性來說更是如此。然而，我想指出，在有這種習慣的南部，事情並不一定會如此。如果這種習慣成為一種普遍現象，即使在大城市中也不會引起什麼問題。一個愉快的表情、一個微笑，或者一個友好的問候當然並不意味著我們會和陌生人走掉，或者女性會被陌生男子帶入歧途。

我曾在紐約居住多年，第一次到南方小鎮時驚喜地發現當地居民對陌生人非常熱情。當我第一次走在街上時，很多從未見過的人向我致意，甚至黑人也會向我脫帽致意。這種熱情友好的氛圍與紐約的冷漠形成鮮明對比，讓我印象深刻。從那時起，我真的很想住在這個南方小鎮。

相比之下，英美人士對待陌生人的態度通常更加冷漠無情。當我坐在賓館或餐廳的桌子旁時，對面的英美人士讓我感覺自己打擾了他們，似乎希望我不要擋住他們的路，而我們坐在同一張桌子旁似乎讓我感到很尷尬。

相反，在歐洲大陸旅行時，尤其是在法國，我們進入飯店坐下，對面或鄰桌的人會禮貌地報以微笑，讓人感覺如沐春風。我最美好的經驗之一就是在異國旅行時，遇到了一些語言不通的陌生人，但是他們的面部表情友好，讓我感覺我們是真正的朋友。

有些紐約人告訴我，他們幾年來每天都遇到同樣的人，但從未講過話，也沒有任何表示。這似乎不夠人道。如果我們和街上的陌生人是兄弟姐妹，為什麼要冷冷地走過呢？我們至少要給他們一個微笑，讓他們知道我們承認彼此之間的手足之情。

阿爾伯特．哈伯德說：「這個世界總是缺少愛。」然而，如果我們願意，我們可以不停地施捨愛，我們給出多少就會收回多少。即使不與陌生人講話，我們也可以透過注視和表情讓他們感覺到我們的親緣關係。我們可能不知道一個友好的表情和快樂的微笑意味著什麼。

我認識的一個老婦人，她就有這樣甜蜜仁慈的表情，臉上的微笑似乎在說：「若我認識你，我一定會跟你說話。」電梯工、售票員、送報童還有辦公室職員，每個與她接觸的人都感到在這天得到了祝福。

完美的陌生人用微笑、鼓勵的眼神、善意的行為默默地傳達著同情的資訊，為我們前行的路上提供幫助，讓我們意識到他們的友誼。在紐約的街頭，我幾乎每天都能遇到這樣一個陌生人，他臉上的表情充滿愛和熱情，雖然他沒有說話，但我仍然感覺到他想要跟我交流，但被社會習俗所束縛。

狄更斯說過：「為他人分擔負擔的人，絕非無用之人。」懷着善意和同情的人是全世界的助人者。大多數人高估了金錢的作用，人們最需要的其實是同情和愛。這才是能夠激勵、鼓舞和提升我們的東西。

有多少孤寂的靈魂渴望同情和陪伴，這是任何物質所不能提供的！我們處處看見渴望愛、渴望被欣賞的人。我們看見擁有大量物質財富的人，生活得舒適奢華，似乎擁有了一切，唯獨缺少愛。

一個富有的女人，為了得到一個善良純潔的男人或一個小孩子的愛，寧願傾盡家財。也有許多百萬富翁因沒有愛而使得生活匱乏。我們在人們的臉上看到缺乏愛的表情。在他們之中。很多人富有土地、房產、汽車、遊艇、金錢，他們擁有一切，除了愛！

我們要教育孩子，讓他們相信彼此是相互關聯的，人類本來就是個大家庭，不要因為他們沒被介紹就不和彼此交談。

當我們這樣做，人們就不會像現在這樣，冷漠地從那些渴望友誼、愛與同情的人們身旁經過，除卻世俗的阻礙，很多人其實是樂於助人的。

有一個幫助別人的好建議，那就是不論我們有多麼貧窮，善良友好具有偉大的感染力，即使不與別人說話，也可以給予力量和支持。

「在我們的小圈子裡，我們欠得最多的不是最積極的人。」菲利普·布魯德斯說。「在我們所認識的普通人當中，不一定是最忙碌的人在從事那些看得見的任務和工作。繁星一般閃耀的生命，是透過他們柔和的光和信念，灑落在我們身上的。當我們抬頭仰望時，會積蓄最深沉的勇氣和力量。對於我們這些沒有機會過積極生活的人來說，存在著一種信念：我們可能不能為別人做什麼，但令人高興的是我們可以成為什麼。透過良善的幫助和安慰，我們可以讓卑微的人變得真正強大、溫柔、純潔和善良。」

我認識一位婦女，她個子矮且行動不便，但擁有一顆甜蜜、開放而美麗的心靈，大家都很喜愛她。她關心每個人，也受到所有人的歡迎。她雖然窮，但她滿懷熱情地走進別人的生活，那樣無私，那樣熱情，足以讓身體健全、條件優越的我們感到羞愧。

愛的信念和對一切美好願景的追求反過來作用在我們身上，成為偉大的友誼創造者。當我們對別人產生愉悅和熱忱的態度時，就能輕而易舉地結識許多朋友。

沒有人窮得不足以幫助和鼓勵他人，或對渴望陪伴的孤獨心靈付出愛和同情。

第十八章　我服侍最強者

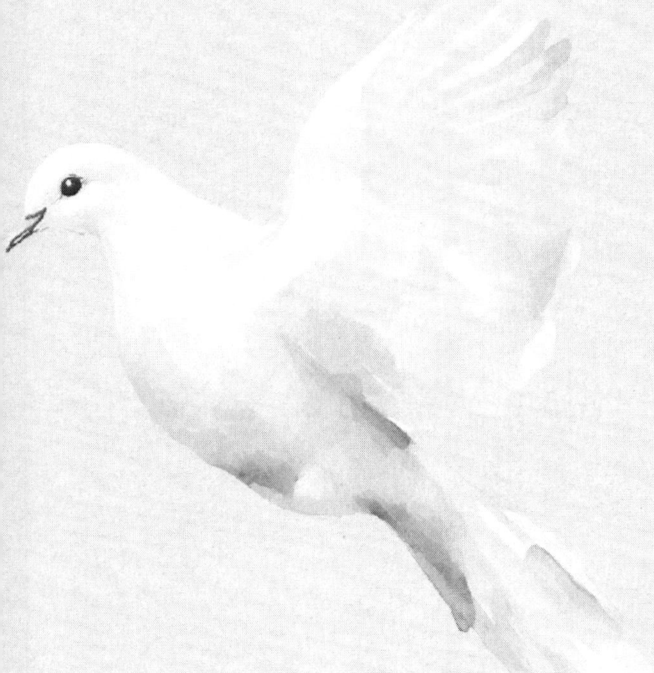

有一個古老的傳說，講述一個強壯的巨人，他的信條是「我服侍最強者」。一開始他服侍的是鎮上的市長，直到他發現公爵比市長的權力還大，就離開市長去服侍公爵。後來他發現公爵也得服從比任何公爵更偉大的皇帝，他又將忠誠轉移到皇帝身上，直到有一天他聽到皇帝說他害怕魔鬼。

「什麼！你害怕魔鬼？」巨人喊道，「帝王也有害怕的東西？還有什麼比帝王更強大的嗎？如果有，我要去服侍他。」

離開皇帝後，他找到了魔鬼，開始服侍他。但他很快又聽說魔鬼害怕那個比他更強大的基督。

他尋找基督已經好久了。某天他在密林中尋找時，遇到了一位老人，老人告訴他先去服侍人，這樣才能服侍那位最強大的主。

巨人聽從老人的建議，因為在他居住的木屋旁有一條湍急的河流，他開始擺渡人們過河。因為許多人曾在這條河中喪生。

在一個暴風雨的夜晚，巨人聽到有人敲門。當他打開門時，發現是一個小女孩要求過河。巨人告訴女孩現在正是河水開化上漲時，如果他冒險渡她過去，恐怕半路翻船，因為河上滿是尖銳的浮冰，她會冒生命危險。但孩子堅持要當晚就過河，如果他不幫那孩子，她就會自己過去。

巨人點燃了燈籠，和女孩一起上了船，駛進了洶湧的河水。風吹滅了燈籠，他們陷入了黑暗和急流中。巨人用他超人的力量成功地將船駛到對岸，但他自己也筋疲力盡，一上岸就栽倒在沙灘上失去了知覺。當他醒來時，孩子已經消失了，只有一個男人在那裡，他的面容就像那個孩子，臉上有不尋常的光芒。那人告訴他，由於他服侍了最卑微的人，他也就服侍了她的主人基督。

與這個古老傳說類似，還有杜斯妥也夫斯基關於農民想見基督的美麗故事。故事講述一位虔誠的俄羅斯農民，經過多年的祈禱，希望上帝能夠光顧他的簡陋家。一天晚上，他夢到上帝將會在第二天來訪。夢境如此真實，農民早上醒來就開始忙碌，為這位來自天堂的客人做準備。

白天，一場強烈的暴雨夾雪襲來。然而，那位農民仍然像往常一樣繼續做家務，一邊煮著他經常吃的白菜湯，一邊期待地向暴風雪中望去。

突然，他看到一個行人，背上背著個大包，艱難地走在雨雪中。善良的農民衝出去把行人領進小屋，為他烘乾衣物，分享了農民的湯，讓他繼續前行。

隨後，農民又看到了一位旅行者，一位老婦人，虛弱地在迷茫的風雪中行走。他再一次將她領進小屋，讓她暖和身子，為她提供食物，然後用自己的大衣將她裹緊，讓她開心地繼續前行。

黑暗降臨，上帝的影子仍未現身。那人抱著一線希望，走到門口望向黑夜，他看見一個孩子幾乎走不動了。他把快要凍僵的孩子抱進來，讓他暖和，給他食物，孩子很快就在爐火旁睡著了。

上帝仍未現身，農民非常失望，他坐在那裡盯著爐火，最後也睡著了。突然，房間裡充盈著並非來自爐火的光亮。上帝站在那兒，身穿白袍，面色平靜，微笑地看著他。

「哦，主啊，我等了你一整天，你都沒來。」上帝回答說：「我今天已經來了三次了。你幫助的那個貧苦的行人是我；你把大衣送給她的那位婦人是我；你從暴雪中救過來的孩子也是我。你已向我施行對那些弱者的善行了。」

有人說：「人為天父所做的最好的事情，就是善待他其他的兒女。」無論何時對別人做善事，請遵循這句話：「給你們新的訓誡，那就是你們要愛對方，像我愛你們那樣，你們互相也要有愛。」世上的恩惠正是在於相互的愛與服侍。

「我服侍最強者。」這是多麼精闢的人生哲理。因為服侍最強者就是服侍上帝，也包括救助弱者，所有需要我們協助的人。

很多人並未意識到，即使是最為不足道的服務對他人來說也有著不凡的價值和重要性。善待他人的習慣、無私奉獻的習慣，不僅使他人受益，也讓我們自己從中獲得無窮的好處。這種習慣讓我們的生活比那些自我中心的人更多姿多彩、更強健有力。

我想起一個人，他的生活是一個很好的例子。他擁有一大群朋友，大家都很愛他，因為他親切友善、樂於助人。他相信每一個對年輕人提出的好建議和想法都像種子一樣，播撒在有希望的土壤裡，鼓舞激勵每一個年輕人成為他們生活中的準則。

如果他遇到的年輕人缺乏教育，他會鼓勵他們自我提高，告訴他們如何充分利用時間。如果這個人缺乏理想，他會設法喚起他對自己的信念。如果他發現某個人在做不適合自己的事，他會督促他離開那個環境，找到屬於自己的位置。換句話說，他在自己的人生旅途中，一直努力地幫助和提攜別人，不知道他這一生影響了多少人。

在弗雷德里克斯堡戰役中，數百名聯邦士兵在戰場上受傷，他們整日整夜地躺在那裡，忍受著飢渴和傷痛的折磨。唯一回應他們呼喊的聲音是炮彈的轟鳴。一名年輕的南方士兵被這些呼喊所觸動，請求長官允許他帶水到戰場上給這些傷患。然而，長官警告他，現在在戰場上行動意味著死亡，但這名年輕的戰士不顧自己的生命安危，提著水桶，冒著槍林彈雨前往戰場。他走到每一名傷患身邊，伸直他們扭曲的肢體，放置背包在他們的頭下，蓋上大衣和毯子，把所有傷患當成自己的戰友。當兩軍的士兵看到這位年輕人不顧危險，竭盡所能地照顧傷患，他們深受感動，甚至停止了射擊。在一個半小時的時間裡，當這名穿著灰軍裝的男孩在戰場上走來走去，履行著他的使命，為飢渴的人送水，為垂死者送去安慰，兩方實際上進行了停戰。在內戰中，還有什麼比這更美的場景呢？

有些人隨時隨地都在幫助別人，無論他們身在何處，都能帶來陽光和鼓舞。沮喪的人得到了鼓勵，受苦的人得到了安慰。

在波士頓，有一位女士在聖誕購物期間看到一位救世軍的女孩正在大街上為窮人募捐。女孩看起來又冷又累，女士詢問是否想要休息一下並享用美食。女孩說她很餓很累，但不能離開募捐位置。女士提出代替她募捐，並帶她到賓館享用熱騰騰的飯菜好好休息。路人紛紛停下觀看這位穿著時尚大衣的女性搖著鈴鐺募捐，猜測她的動機，並捐出五分、一角或一元的鈔票。女士的朋友和熟人經過得知她的好意後也紛紛捐款，當天籌得了很多錢。

一位旁觀者評論說一千個女人中也沒有一個會這樣做。為什麼？我們為什麼不能這麼做呢？世界上最美的事不就是這種自發的愛心奉獻嗎？有人說：「我不明白為什麼我們不能比現在的自己更加善良呢？這個世界多麼需要這種美好的事情啊！這件事情多麼容易、自然，而且令人難以忘懷，它的回報也是豐厚的——因為世上沒有比愛更值得信賴的回報了。愛永遠不會失敗。愛是成功、幸福、是生命。」愛沒有害怕，因為它完全不在乎自己，它只想讓別人受益、減少他人的痛苦。如果有身體上不畏風險的勇氣，那在道德上也可以勇於挑戰任何批評和評論。很多心胸博大的人一直在盡最大的力量幫助別人，卻從沒想過回報。他們一直在無意識地服侍著最強者。

幸福曾被詮釋為「偉大的愛和奉獻」。沒有什麼努力能像一路走一路散播愛和奉獻的鮮花，種植玫瑰而不是荊棘那樣帶給我們如此豐厚的回報。同樣地，沒有什麼投資能像善意的話語和行為，努力向所有生靈發出愛的熱量那樣帶給我們更多的紅利。

我曾經讀到一個關於一位窮人的故事。有一天晚上，他夢見自己到了天堂，感到非常驚訝，一直為自己錯誤的進入而道歉。他說他知道自己不應該在這裡，因為他一生中沒有做過任何值得這個榮耀的事情，事實上，他甚至沒有想到自己能夠在天堂門口停留片刻。

他解釋說自己沒有能力做任何事情來贏得這個榮譽，他只是一個窮人，一個平凡的工人，在社會中也沒有任何地位。然而，他一直以誠實和忠實的態度生活，努力撫養好自己的孩子，對鄰居友善。至於進入天堂，他從來沒有想過這件事情。

天使對他說：我的朋友，不要低估自己。你不記得自己如何花光了所有積蓄為那個窮苦的女人保住了家嗎？在幾乎無力撫養自己的孩子的時候，你不是還幫助了那個無家可歸的孤兒嗎？還有，當你連家都沒有的時候不是還犧牲自己的舒適，給別人那麼多無私的幫助嗎？」

「這些還有很多類似的事情，」天使接著說，「是把你帶到這兒來的原因。你有權利來這裡，你屬於這兒。」

「但是，」那人不好意思地說，「我從沒建立過大學、醫院，或捐錢給慈善機構，像我的老闆布蘭克先生那樣。」

天使回答說：「並不是因為做了這些事才使有錢有權的人得以進入天堂；天堂的大門向人打開，是因為那些不知名的善舉和愛心的付出，日常生活中自我犧牲的服侍，還有愛和無私的精神。」

有人說過，我們愛得越多，就離上帝越近。當然，他指的是最高、最真、最純潔意義上的愛。當我們如此愛著，當我們變得地公正、誠實、清潔和純正，我們便能靠近神。這種愛讓我們與美麗、高貴、高尚和無私者為伍；與崇高的情感、最高原則和生活中一切美好的東西相伴。這種愛是我們通往神聖的金鑰匙，是人與上帝連接的紐帶。

第十九章　日常習慣

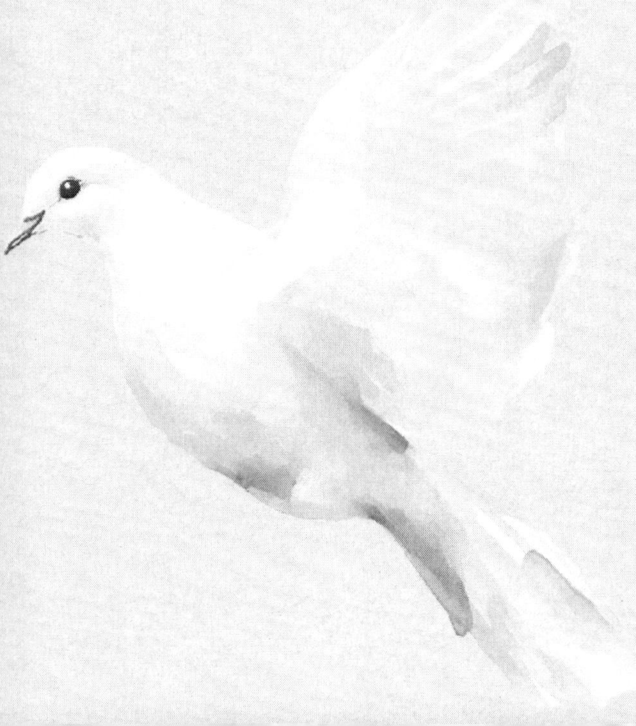

這是一位無線電專家的預言：「我們終於可以全球範圍內通電話了。你可以坐在電話亭裡，對著話筒講話；另一個人坐在下一個電話亭裡，等著聽你講話。」

他說：「你的聲音將透過電線傳到舊金山，然後在空中越過太平洋，傳導到另一條電線上。這條電線將穿過歐洲，再透過無線電波橫跨大西洋，最終回到紐約的另一條電線上，再傳到離你幾公尺遙遠的朋友那裡。」這是如何做到的呢？這與聲音透過電話傳到隔壁或幾公尺以外是一個道理。

聲音引起的振動傳到電線，引起電線中物質顆粒向空氣中的震顫。電線將振動引導、保護，以避免振動流失。但無線電的報告告訴我們，振動不依賴於電線，而是存在於空氣中。當我們透過電話與遠方的人交談時，我們的說話聲並不是以聲音的形式透過電線傳輸過去的。相反，人的聲音引起一系列的振動，這些振動在電線的另一端被精確地複製出來。電線並沒有傳遞任何聲音，但你可以清晰地聽到對方講話，就好像你們正在同一個房間內一樣。

這讓我們想到我們的思想是否也能以同樣的方式發出振動，傳向我們的朋友以及敵人。我們都曾感受到親人向我們傳達的愛，同時也曾經歷過因憎惡和嫉恨而傳達不和諧訊息的振動。

科學家可以透過無線遙控，在陸地上引爆遠處海底的魚雷。同樣地，我們的思想，無論是正向還是負向的，也可以像炸彈一樣傳播，給自己和他人帶來祝福或詛咒。儘管距離遙遠，我們的思想可以影響他人的幸福或痛苦。同樣地，我們也容易受到他人思想的影響。

我們生活在各種思想的流動和交錯中。每當我們感到恐懼、擔憂、懷疑或憎恨，來自他人相似的思想就會與我們的思想結合，增加我們的痛苦。

相反地，當我們的思想與愛的能量結合時，當我們發出勇氣、信念和愛的振動時，我們就會被來自四面八方的相似情感所包圍。

振動與生活密不可分，生活中的一切幾乎都可以用振幅來說明。譬如，色差就是由於不同顏色的振動對視神經造成的差異而產生。沒有這些波動就沒有顏色。聲音也是同樣的道理。樂聲及各種聲音都是由於不同振幅對聽覺神經的影響，進而引起大腦不同的感受。

宇宙中的每一個原子都處於振動狀態，無時無刻不在繞著一個中心旋轉。月亮繞著地球，地球繞著太陽，太陽繞著更大的軌道，都在以難以置信的速度旋轉著。所有原子、電子也在繞著自己小小的核旋轉。

維持地球上生命的太陽的熱量也是振動。想到太陽把熱量傳出九千三百萬英里，真是不可思議。我們所謂的熱量就是能源振動的一種形式。太陽發出的能量透過振動的方式傳送到地球。

所有生命都是一種振動運動，我們的生活品質取決於振動的品質和級別。和諧的振動意味著健康、幸福、高效、成功。不和諧的振動意味著窒息、理想受挫、事業失敗。

如果我們生活在彼此為敵的不和諧的振動當中，生命會極快地枯萎；反之，如果我們生活在無盡的和諧之中，我們的頭腦、神經、精神及肉體都得以保持，力量得到增強，成功和幸福得到保障。

我們每天都會無意識地受到內心和外界各種振動的影響。每個人、每句話、環境、行為、動機、思想和情感都透過身體的細胞發出振動，這些振動的效應則取決於它們的驅動者。

或許我們並不知道，但所有激情、激動、灰心、失望、憤怒、憎恨、嫉妒和貪婪等惡劣情緒所引發的振動都會科學精確地記錄在我們的性格中，同時也會展現在我們的身體上。如果我們發出的是希望、愛、喜樂、慷慨和高貴的思想，這些振動就會經由神經系統流經我們的身體，使每一個細胞和每一個神經、每一個原子都產生同樣的振動，呈現出同樣的特徵。

很多身體的疾病都源自於神經組織所產生的不良振動。擔憂癌症和各種疾病所產生的振動，也會在我們的身體中複製。眾所周知，樂觀者比悲觀者更健康，因為悲觀的振動是毀滅性的，而希望會引起建設性的振動，懼怕和懷疑則會引發破壞性的振動。

每個人都有自己的思想世界，而發出的振動決定了這個世界的樣貌。例如同住一屋簷下的兩個人可能因為思想、動機、行為不同，而形成完全不同的世界。一個生活在現實、真實、愛和希望之中，而另一個則可能生活在最壞的思潮中。

人們經常對一個受到良好教養的女孩迅速墮落感到震驚。一些女孩一旦開始變得不良，她們墮落的速度是難以想像的。原因在於她們交友不慎，和壞人交往。換言之，她們被與之交往的人帶壞了。

同樣地，當一個年輕人產生了壞念頭、有了犯罪的想法時，他便和罪惡的思潮產生連繫，還沒等到意識到，就已經失足犯罪。

我們習慣認為自己是孤獨的個體，但實際上，我們與那些和我們有相似波長的人相互連接。我們形成了一個看不見的振動電波，這個無線電波與相似的電波接觸，力量不斷增強。

如果與我們相連的這無形的電波能像一幅畫一樣，被我們看見，那對我們的教育和性格塑造將會非常有幫助。而那罪惡醜陋的電波圖像也令人驚駭不已。

無線電報的最大問題之一是如何排除干擾電波。我們也面臨著相同的問題，需要排除障礙，讓我們能夠與想要接收的訊息連線。如果收報員的機器無法排除干擾，就無法接收船上發出的求救信號。同樣地，如果我們想要接收清晰、美好的資訊，就必須盡力排除對立、有害的資訊影響我們的心智。我們必須關閉惡意、嫉妒、恐懼、憎恨等負面振波，只有排除了這些有害的振波，我們才能接收到神聖的資訊、愛的能量，以及鼓勵和激勵我們實現夢想的振波。

你發出的振波是和諧的還是雜亂的？是憎恨、自私、嫉妒、貪婪的，還是充滿希望、快樂的？你輻射的是陽光還是陰影？你發出的振波能夠鼓舞人心，還是引起紛爭、痛苦、懷疑和擔憂？

請記住，你發出什麼樣的振波就會收到同樣的回應。如果你發出不和諧的振波，最終受傷的不僅是別人，也包括你自己。因為沒有人是孤立的，我們的思想總會影響到別人，無論是正面還是負面。所以，只發出有益的振波是非常重要的。

每個人都能夠引導和控制自己的思想。我們可以自主決定發出和接收什麼樣的訊息，並且不必成為那些惡劣思想潮流的犧牲品。如果你願意，你可以與萬物之源協調一致，與美麗、真實、愛、善良、無私協調一致。換句話說，只要盡力而為，每個人都可以與最高者和諧共處，居住在人間天堂裡，而不是像許多人那樣，大部分時間都生活在地獄之中。

每天早上醒來時，我們可以先定好一天的基調。就像歌唱家如何定調一樣，他們會使用音叉或在鍵盤上按下一個琴鍵，讓聲音和樂器定在同一個調上，使它們的振波和諧一致。

同樣地，當我們希望與神的器樂相調和時，我們必須使用某種精神上的音叉來確保我們發出相同的振波。

愛是最偉大的音叉，只有愛能最快地讓我們與神和諧共處。愛讓我們的心靈定在平靜、真實、美麗、純潔、無私、誠實、正義等與神一致的基調上。有了愛，就沒有不和諧，因為愛是至高的協調者和偉大的和平創造者。愛的振波是療傷的藥膏，它能中和所有卑下的情感和傾向。

當我們打開心靈，讓神愛流入，就不難與美好的一切保持和諧了，我們的力量和效率得到加倍的成長，因為和諧就是力量和效率。

東方哲學家們有個很好的習慣：早上起床後，他們朝向太陽，思想神的奇妙，讓頭腦中所有經絡向神聖美好的一切敞開。在醒來的那一刻，他們除去了所有汙穢和自私的思想，只讓愛的洪流湧入，使自己受益無窮。這樣，他們為這一天的日常生活、工作和精神上的沉思默想做好了準備。

下面有一個極好的建議，可以幫助你找到你一天的主調：

每天早上起床後，面向太陽，想像它是神愛的象徵。把太陽看成造物主的一個奇妙作品，為要給你的生活帶來光明、健康、快樂和美好。深深地呼吸，就像吸進了真善美。把這個習慣養成，你會驚訝地發現它會很快使你全身心地改變。

你可以選擇用任何方法來調節、控制你的精神振動。一旦你學會了使自己與能夠幫助、鼓勵、提升你的神愛的振動協調一致，你的身體就會變得更強壯，你的心智就會得到更大的拓展，你的整個人生也會得到力與美的發展。

第二十章　予人玫瑰

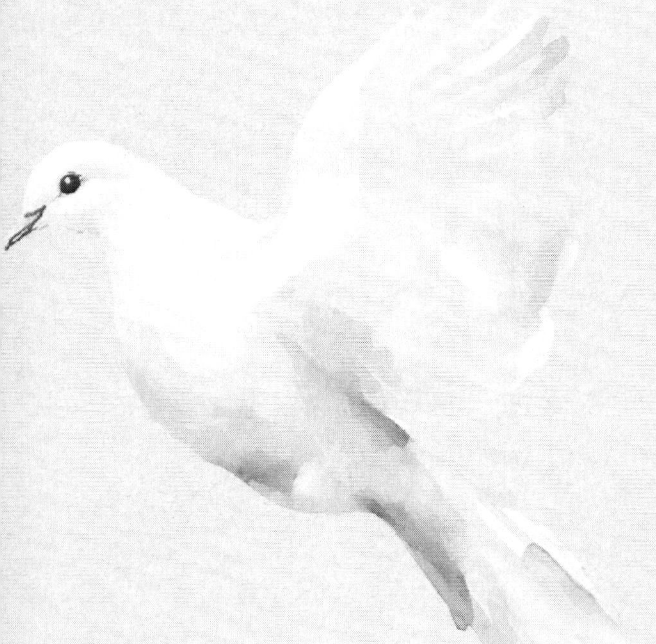

在親人活著時，人們總覺得沒有時間對他們表達愛意，只有當親人死後才覺得後悔，沒有比這更可悲的事情了。

很多男人在他們母親或妻子棺材上獻上的鮮花遠遠多於她們生前所得到的。有些男人，出於一種悔恨心理，在母親葬禮上所花的錢比他在母親生前買給她的禮物還多。

《青年伴侶》上登載了關於一個青春活力的女孩的故事。這個女孩結了婚，生了四個孩子，後來丈夫逝世，但沒留下一分錢。她勇敢地擔負起教育子女的重任，除了教書，還做起裁縫和刷油漆，只要能賺到錢把女兒們送到寄宿學校，把兒子們送去上大學，她什麼事都肯做。

當孩子們長大成人，女兒變得聰明、漂亮、優雅，兒子變得強壯、思想先進，而母親卻已是心力交瘁、滿頭白髮。他們各自有了自己的家庭和興趣，讓可憐的母親被忽略在一旁多年。直到有一天，她患上嚴重的腦部疾病，顯然是由於長期的孤獨、失望和缺乏來自兒女的感恩之心所引起的。

這件事讓孩子們意識到自己的疏忽，當母親即將離世時，他們全都悲痛地圍攏在她身旁。一個兒子抱著母親對她說：「您是我們的好媽媽。」」母親的臉上顯露出一點色彩，她睜開眼睛，微弱地回答道：「你從來沒有這樣說過，約翰。」 然後，她的眼神黯淡下來，離世了。孩子們在那裡懊悔哭泣，他們為母親擺滿了鮮花，舉行了隆重的葬禮。

這不是愛的方式。真正的愛是在人還活著的時候送上鮮花，而不是等到人離開後才想起。愛是在人需要的時候給予關心，而不是等到一切都已來不及。

愛總是能找到辦法，總能找到時間做善事。愛不會等到最後才想起可憐的老母親，把奢侈留到她無法享受的時候。當母親渴望關心時，愛會及時幫助她，並經常寫信給母親，而不是幾週、幾月後才匆匆寫一張便條告訴她太忙了沒有時間。

世上的大忙人聲稱自己太忙了，沒有時間幫助別人。但當他愛上一個漂亮女孩時，他就會有時間去討好她，看望她，寫信給她。真正的愛會找到時間去看望老母親，讓她高興，送花、送糖果，不斷讓她感受到應得的愛。

有一種給予不能延遲，必須趁機說好話、做好事，機不可失，失不再來。每一天都有當天的給予，如果將該做的事情拖到明天，今天的機會就失去了，因為明天會有自己的計劃，不能將今天的事情推遲到明天。

當以色列的子孫在曠野中行走時，每天都有新鮮甜美的嗎哪（瑪納）從天而降供他們食用。神曉諭他們不要為第二天保留，因為每天都會有足夠的食物。但他們不信，仍然要保留，結果留下來的嗎哪全都變壞了

我們日常的禮物就像這以色列人的嗎哪一樣，是留不住的。若不用在適當的場合，就失去了作用。鼓勵、微笑、善良、關心、欣賞、表揚、感恩，這些禮物在我們的人生路上要隨時給予，因為同樣的路只能走一次。我們從不走回頭路，每一步都在往前走，如果不隨著步伐散播愛的種子，我們身後的路對後人來說就會變得非常貧瘠。

人們常以「我沒有時間」作為忽視和疏忽的藉口，但這不應成為生活中讓嗎哪毀滅的藉口。就像呼吸不能延遲一樣，日常的給予也不能被拖延。如果你沒有及時表揚保姆、報童、司機、雇員、同事，或者沒有給予需要幫助或解釋的人，那麼這些禮物和祝福就永遠會丟失。

下面這段文字或許對我們有一定的啟示：

如果格萊德斯通在處理繁忙的國際事務期間，仍能找到時間去訪問一個生病的街道清掃工，那麼那些不那麼重要、不那麼忙的人們又有什麼藉口忽略這些小小的善意行為呢？這件事使格萊德斯通在英國人心目中的形象比他所做的偉大事業更顯得和藹可親。此外還有菲利普斯・布魯克斯（Phillips Brooks），他在波士頓貧民區替一個母親照顧嬰兒，讓孩子的母親可以出去透透氣。這件事比他高貴的一生中的許多偉大成就更贏得了美國人民的喜愛。

「有時候我想我們女人是不是過於忙碌，得不償失了，」一位老婦人憂心忡忡地說，「我們聽到太多不要浪費每一分鐘，業餘時間多工作和讀書，同時做很多事情，以至於拿不出時間、空間做點好事。我們應該扶危濟困，但對那些看來似乎沒什麼難處的普通鄰居卻拿不出一分鐘的時間。實際上，很多小事並非浪費時間。與鄰居交換一兩盆花，友好地閒話家常，都會使人愉悅，擺脫枯燥感。我們不應該忙得無暇打聽鄰家在外上學的女孩或對他家那個當兵的或『在那邊的』男孩的來信表示出興趣。對別人所關注的事情表示關心，是對孤獨的母親一種安慰。尤其是，我們不能忙得忽略了家人。」希望大家都不會被說忙得不近人情。

我們中有多少人吝嗇同情、對別人的鼓勵和幫助不夠慷慨，捨不得拿出錢來資助別人。我們用錢買房、買地、買股票、搞投資，卻不願意幫助那些急需幫助的人，因為害怕哪一天自己也會需要這些錢。

有一個年輕聰明的女孩子在一家工廠或辦公室工作，她要幫助一個兄弟或姐妹完成學業，或是要扶養生病的父親或母親。她的薪水很少，與她的付出不成比例。她把自己的情況告訴了老闆，希望能增加薪資。老闆知道那是她應得的，他也有能力支付更多，但他自私地以模糊的承諾拒絕了她的要求，心裡對自己說現在不行，以後再給她加錢。多年以後，女孩慢慢老了，沒有錢，身體也垮掉了，若不是朋友相助，差點成了社會的負擔。

沒有什麼比以後再做為藉口，推遲我們現在應該為別人做的事更阻礙我們道德上的發展了。我們很清楚，好事越延遲，越不可能再去做。結果，我們失去的是比我們要給予的貴重得多的東西。

那些吝嗇於物質援助、只把愛留給自己的人，最終會發現心靈之泉已經乾涸，美好的天性也遭到破壞，同時也失去了財富帶來的喜悅，因為只有心胸博大的人才能享受快樂。

世上的事情總是這麼神奇，那些自私自利的人最終會在自己手中失敗。花蕾並沒有多少美麗和香氣，只有在綻放時才能散發出它的美和香。根據傳說，所羅門王收到希伯來女王送給他的一個珍貴花瓶，瓶中裝有萬靈藥，只需一滴就能恢復健康，長生不老。所羅門的朋友們聽說這神奇的萬靈藥後，當他們面臨死亡時，都懇求一滴這珍貴的液體，但卻被所羅門拒絕了。他擔心瓶子一旦打開，剩餘的萬靈藥便會揮發掉。最終，他自己病得很嚴重時，讓僕人拿來這個花瓶，但是，驚訝的是，那珍貴的內容物已經全都揮發了！

拒絕打開錢包，很快就會拒絕同情。如果拒絕愛，就會失去愛的能力，沒有了愛和同情，你就是一個道德上的身障人士。一旦你打開心靈的大門，毫不吝嗇地向每一個路人送去美麗和芬芳，你的力量便開始成長。

如果一個人患病多年，終於找到了治病的良方，卻拒絕把方法告訴那些患有同樣疾病的其他人，你怎麼看他呢？這簡直是犯罪。也許你很難相信人人都是這樣殘忍而自私。在生活中，我們常會遇到各種有助益的事情，我們會輕而易舉地接受下來，可有多少人會把它們傳下去呢？有多少次我們把別人說的好話當成對自己的恭維，卻不想如何去幫助別人或把這有用的資訊傳給另一個人呢？又有多少次我們把個人的、家庭的用品收藏起來，心想以後也許會用得到，而不是把它送給現在就需要的人呢？

這不是愛的方式。愛是慷慨的給予者。愛不會把所有東西都堆到閣樓上，只因為可能會用得上。舊衣物、舊玩具、不用的家具都應該給予窮人。趁大衣還能穿的時候就送給別人穿，讀過的書籍、雜誌也應該送給別人看。愛每過一段時間，就會巡視一番，選出那些沒有也能行的東西送給人。換句話說，愛是有為別人著想的心，願意幫助別人的。

如果我們實踐愛的方式，就不會有死後行孝的問題。我們不會推遲愛的給予，也不會等到以後再去實施援助。我們不會忘記把我們收到的許多好東西傳遞下去。

每天我們都會給出很多有價值的東西，這些不會影響到我們的日常工作，卻對別人大有助益。最終受益的是別人，同時也是我們自己。做了這些事情之後，我們會感到力量的重生。每做一件善事，基督的話語便在耳邊迴響：「你為那最弱小的所做的，就是為我所做的。」

第二十一章　來自宇宙萬物的書信

華特．惠特曼說：「宇宙萬物向我匯集，全都是寫給我的書信，我要讀出其中的含義。」

你可曾想過，每一朵花、每一棵樹、每一縷陽光、每一片風景都是宇宙萬物送給我們的愛的訊息和書信呢？如果我們能在岩石、田野、鮮花、日月星辰、雲朵、落日，以及它們的一切作品中，讀出宇宙萬物的筆跡，那該多麼快樂啊！

書籍和老師為我們開啟了知識的大門，讓我們了解無窮的智慧、自然的美和自然法則。但我們只有透過與自然緊密接觸，才能讀懂並理解宇宙萬物寫在自然這本大書裡，每一片葉子上的資訊。

造物主給予我們的最大樂趣，就是讓我們在祂的創造中尋找祂。自然界中充滿了奇妙之處，讓每一種生物都各得其所。它們都是為我們所使用和享受而被創造出來的。喜悅透過各種感官——視覺、聽覺、嗅覺、味覺和觸覺進行傳遞和交流。

為什麼正常人都喜愛鮮花呢？因為鮮花帶給我們喜悅，愉悅我們的感官。在宇宙中，沒有毫無相關的事物。萬物之間都彼此相聯；對於能看見和理解的人，宇宙萬物已顯現在一切事物之上。

如果一個人一生的每一天、每一刻都能在大自然中看到宇宙萬物的存在，那將是多麼幸福的生活啊！我們都像愛默生（Ralph Waldo Emerson）所說：「當我們身處奇妙且美麗的環境中，我們所要做的就是保持快樂、勇敢，為實現理想而努力。難道因為我們有了這麼豐富的心靈，就不能相信它的超自然力量嗎？難道它還不放棄走別的路，專心聆聽聖靈的指引，讓未來更勝今朝嗎？」

然而，很遺憾的是，我們總是讓生活中汙穢的一面、貪婪攫取的動機和行動模糊了上帝的書信，掩蓋了美好的、值得的事物。我們花大部分的時間為不必要的東西斤斤計較，忽略了那最基本的、最有益的東西，那才能為我們帶來真正的快樂。

如果我不對生活抱持正確的態度，就不會理解它的真諦，除非我們學會在草地、樹木、鮮花、高山、大海、山谷、雲彩和日升日落中看見宇宙萬物。然而，我們之中很多人從未真正地欣賞過那些展現在我們面前的美景，也沒有認真閱讀過造物主寫在每一片樹葉、每一朵花、每一棵樹和每一片草葉上的書信。我們就像一個旅人，正在穿過加利福尼亞最美的公園——黃石公園和大峽谷，但是卻蒙著雙眼。我們雖然有眼睛，但卻看不見，沒有認識和了解美景的能力。

很奇怪的是，我們的教育者為什麼如此關注閱讀「名著」，卻對最偉大的作家的作品置之不理，很少教導我們的青年一代去研究大自然的實驗室裡到處發生的奇蹟。相反地，他們把學習古老的語言和分析古典作品作為大學教育的重要部分。難怪很難找到一個大學畢業生能讀懂宇宙萬物在大自然中所寫下的書信。

加利福尼亞的教育制度最優秀的特點之一就是鼓勵孩子們接觸大自然。例如，把學生帶到室外，讓他們接近宇宙萬物和它的作品。沒有什麼比熱愛和欣賞宇宙萬物的傑作更能激發孩子們心中美好的情感了。

在印度，詩人泰戈爾所建立的男子學校裡，愛是唯一的教導。這所學校的老師和學生都會在早上四點半起床，穿好衣服後就會到外面唱聖詩，讚頌「無處不在的萬物之主」。泰戈爾希望這些孩子能像小樹一樣茁壯成長，所以孩子們會把墊子鋪在地上，坐在樹下學習。小孩子時而會研究一隻蟲子，時而研究花草樹木或其他自然界的物體。無論他們學什麼，都會充滿著興趣和熱情。

我們通常會向孩子講述童話故事，以吸引他們的注意力。但是，與自然界的多樣性和奇妙相比，童話故事似乎遜色了許多。奇蹟就在我們眼前發生，我們可以用孩子們能理解的方式來解釋這些奇妙的過程。當他們看到鮮花、水果、蔬菜和穀物時，我們可以教他們看到這些事物背後的美善，並了解這些事物展現的造物主對我們的愛。

對於孩子們來說，了解一點自然知識，這個世界就會成為一個神奇的童話樂園。例如，動物學家阿加西 (Louis Agassiz) 可以用一粒沙子或一片魚鱗來吸引一整個禮堂的學生，讓他們津津有味地聆聽整整一節課。如果我們能讓孩子們了解一粒沙、一顆水晶等許多常見物質的奧妙和榮耀，生活對他們來說將會更美好！

教孩子們學會分析自然物質，可以提高孩子們的想像力和思維能力，同時也能培養他們對整個宇宙萬能之神的敬畏之情。

若讓孩子從小就學會重視每一棵植物、每一朵花、每一棵樹，以及每一個原子、分子的存在，他們的生活就會有新的意義和樂趣。一旦這種思想根深蒂固，他們的一生都會認為生活是一種榮耀，而不是痛苦的事情。

只有了解和熱愛自然的人，走在鄉間的時候，才會感到靈魂的狂喜，並用每一種感官去享受神奇的美。藍天上，白雲在互相追逐，青草、樹木、鮮花、山川、草場、小鳥、昆蟲……這些構成了約翰．羅斯金的天堂。然而，對於住在城市、忙於賺錢、過著緊張生活的普通人來說，這樣的鄉間一天可能是無法忍受的乏味，因為他們對美的感受和熱愛並沒有像羅斯金那樣在童年時就被開發出來。

即便擁有像洛克菲勒一樣的巨額財富，也買不到像羅斯金和華茲華斯那樣的人擁有的微薄財富的一小部分。他永遠體會不到真正認識和熱愛上帝的人所擁有的喜樂。

如果你在那個可愛到無法形容的大自然中，從未讀過宇宙萬物的書信，你的生命幾乎是虛度的，你不能算是受過教育的人。當你能夠閱讀上帝寫給兒女的書信時，你會在路邊的野花野草、在日月星辰中看到比你從書本上讀到的更多、更深刻的東西。

第二十二章　和諧之浴

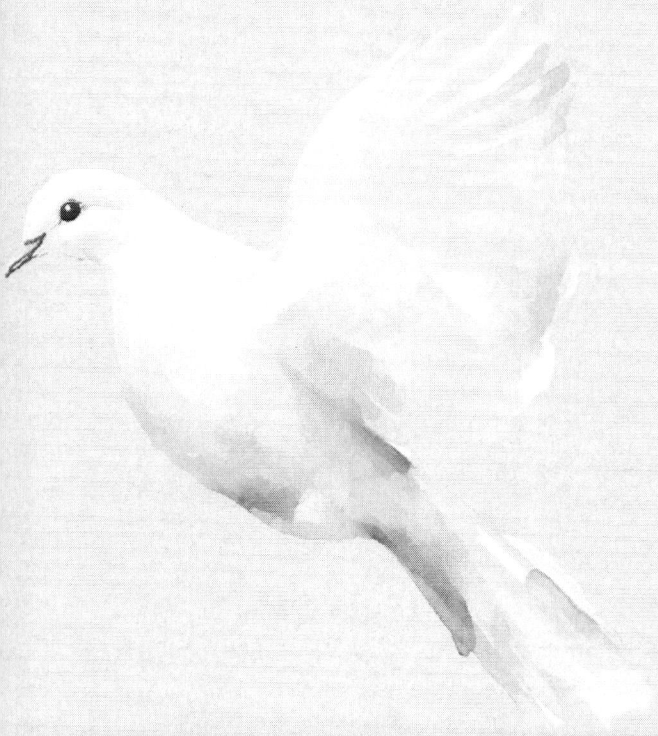

「一個早上醒來就怒氣沖沖的人僅次於魔鬼。」賀拉斯・布希內爾 (Horace Bushnell) 說。

醒來的感覺取決於入睡覺時的心情。沒有人應該帶著憤怒入睡，因為這樣就不會帶著憤怒醒來。

由於潛意識具有不同的本質，它既能建設也能摧毀；它既能帶來喜悅，也能帶來痛苦；它既能讓我們感受到天使的存在，也能讓我們感受到魔鬼的存在。每個在入睡前融入潛意識的想法，就像是在大腦中種下一顆種子，它在無意識的夜晚開始萌芽，最終結出應有的果實。波士頓的沃賈斯特博士和其他同一研究領域的人發現，「改變孩子的不良習慣有一個非常簡單而有效的辦法，那就是在孩子們處於睡眠狀態時，對他們提出正面的建議」。

「我的方法是以低沉而平和的聲音對睡著的孩子說話，告訴他我要講話，他需要聆聽，但不會驚醒他。然後我會用不同的語調重複我的觀點。我用這種方式消除孩子內心的恐懼、憤怒、暴力和說謊的傾向，改善他們的不良習慣，甚至還讓口吃的孩子語言能力有所提高。」

在入睡前，我們也可以使用類似的方法進行自我暗示。我們可以輸入任何資訊到潛意識中，而這些資訊會產生不同的影響。斯威登伯格聲稱，在無意識的夜晚，他的「精神世界」是開放的。

大多數人的一生當中，有三分之一的時間都在睡覺因此，讓自己處於正確的心態就顯得尤為重要。每天二十四小時裡的八小時睡眠時間是不容忽視的，當然，也有一些極端的例子聲稱不需要給睡眠這麼多時間。但事實上，幾乎所有人每天都需要躺在床上八到九個小時。既然如此，為了讓整個人生得到最大的收穫，入睡前我們應該像精心準備好身體一樣，準備好我們的心。

沒有人希望在新的一天醒來時感覺像個魔鬼。為了讓白天發揮最大的功效，我們必須在入睡時擁有一個好的心態。

不要帶著任何怨怒入睡。如果對別人有不滿，忘記它，徹底清除它，代之以仁愛、善良、慷慨的心，讓怒氣消散在日落之前。

不管你有多累、睡得多晚，都不要讓不愉快的經歷、不好的念頭、嫉妒和惡意在頭腦中萌芽。這是你入睡的原則。想像「和諧」、「愛」、「對每一個生命的祝願」這些詞語，光閃閃地寫滿你整個房間。默默地唸誦這些話，或者獨自一人大聲說出來，直到你的意識與它們相呼應。

如果入睡時無法調整好心態，神經系統在整個晚上都會處於緊張狀態。那是因為，即使我們帶著煩惱勉強入睡，大腦也會一直思考著同一個問題。例如，如果我們睡覺時感到擔憂、低落、嫉妒、憤怒或憂鬱，醒來時會感到身心疲憊、萎靡不振。這些壞情緒會汙染血液，無法供應大腦新鮮營養。

許多人因為沒有做好睡前的精神準備，睡覺時比醒著時更快地衰老。他們沒有讓自己沉浸在和諧的心境中，而是讓各種恨、嫉妒、擔憂和憂慮等負面情緒充斥內心。這些心靈的敵人整夜繼續作祟，刻下深深的烙印在大腦中，並很快在臉上顯現出來。

我認識一個人，由於工作和家庭的原因老得很快。我經常與他一起進出城市。他早上並不顯得精神飽滿，總是比前一天晚上看起來更老。這是因為他總是帶著煩惱上床，擔心和憂慮著入睡。他沒有用和諧與愛的思想趕走那些負面情緒，反而讓它們肆意破壞他的生活，整晚在腦中掀起風浪。結果，它們汙染了他的血液，破壞了他的活力，讓他的皺紋加深。學會讓自己與世界和諧一致的人，在睡覺之前不讓心中充滿忌恨、報復和惡意的念頭，或者惱火、消沉的想法。這樣，他們不僅得到充分的休息，而且比那些帶著負面情緒入睡的人能更長久地保持青春和活力。我認識一些人，他們透過在睡前調整身心，使生活產生了極大的改變。

自我暗示療法在晚上睡前更有效，因為那是一天忙碌已經過去、最能與自己協調一致的時刻。只要以愛作為主導思想，其他不良情緒都可以透過自我暗示調整，讓自沐浴浸在和諧之中。

為此，在臨睡前把自己的夢想和期望盡可能清晰地印在腦海中，有助於促進健康、幸福和成功。因為在睡眠中，潛意識會做很多積極的、有建設性的工作，而帶著負面情緒入眠只會產生破壞作用。

如果讓在和諧心境中入睡成為一種習慣，你會驚喜地發現，這不僅有助於保持年輕和活力，也讓你一天比一天更有成就。就像預備好身體一樣，我們可以在睡前準備好心靈，洗去所有黑暗和紛爭的影像，把在白天困擾我們的恐懼和憂慮留在外面，不帶到床上影響我們所需的休息。這樣，我們將取得更多的成就，生活也將因此發生翻天覆地的變化！

如果我們教育孩子們每晚睡前建立快樂美好的睡前習慣，他們在早上醒來時會感到清新、快樂和充滿活力，而不是像許多孩子那樣感到暴躁、易怒和不快樂。當他們長大開始自己的事業，他們會發現這已成為他們自然而然的習慣之一，進而改變他們的人生。

單從身體健康的角度來看，養成這個習慣也非常重要。要保持健康，最基本的是養成好習慣，晚上，特別是在臨睡前，不要討論任何讓人煩惱的事情，如商業上的麻煩等。當你躺下休息時，讓自己的心靈沐浴在愉悅的感覺中，別讓心中有任何悔恨、遺憾、抱怨或嫉妒。原諒你的敵人，如果有的話。讓自己不帶任何負面情緒入睡。

精神科學告訴我們，相反的思想，例如愛恨、和諧衝突、好意惡意等，不會同時存在於頭腦中。如果你讓心中充滿了愛、善意，充滿了自己和他人樂觀向上、助人為樂的畫面，你就能消除報復、嫉妒、憎恨等不良情緒。

培養這個習慣永遠不會太晚。無論你年齡多少，都可以從現在開始。只要你堅持用愛充滿你的心，每天晚上像個疲憊而快樂的孩子一樣入睡，早上醒來同樣清新和快樂。過一段時間後，你的潛意識就會輕鬆地執行你的命令，讓在愛與和平的心境中入睡成為一種自然本性。

願我們每天早上醒來時，都是一個煥然一新的人，充滿希望、精力和勇氣，去迎接一段新生活，享受生活新的樂趣。

第二十三章　家庭裡的英雄行為

有人說：「人們通常認為只有英勇的事蹟才能讓生活變得偉大，但總有一天我們會意識到日常生活中的那些小小的愛的行為比那些英雄行為更有助於人們，並散發更明亮的光彩。」

認為英雄行為和俠義勇膽只發生在戰場上是極大的錯誤。無論在生活的戰場上，我們堅守著怎樣的崗位，每天都有機會做出一些英雄般的行為。如果我們有博愛的精神，愛真實和正義，並決意不管付出什麼代價都要堅持正義，我們就會不斷地為生活中高尚的事業而戰鬥。

例如，當你的老闆不誠實時，你寧願犧牲職位也要堅定地站在誠實的一邊。此外，從著火的建築物中冒險拯救人命或跳入河中救人的行為也同樣英勇。堅持正確的立場，不怕別人的嘲笑和譴責，也是英雄的行為。而為了公正、正義和原則而孤軍奮戰往往需要比在無數戰友的支持下走向煙霧瀰漫的戰場更大的勇氣。

當別人灰心喪氣時，你激勵他們；當別人後退時，你繼續向前；當別人膽怯放棄時，你微笑著等待；當面對困境和失敗時，你保持沉著；當別人驚慌失措時，你保持冷靜清醒；當別人猶豫時，你堅定不移；即使失去房子和財產，你也不會動搖；即使被人欺騙，未來前途渺茫，你仍然保持勇氣，堅信上帝對你的安排。這樣的人就是英雄，和那些在戰場上犧牲的戰士一樣英勇和高尚。

一個女人被誘騙進入一場婚姻，遠離家人和親人，住在大草原上一間茅屋裡，十公里以外不見人煙。她寫道：「離開兒時的家和父母，永遠失去了對事業的追求，生活的夢想離我而去，我還有什麼幸福可言？」

這個女人究竟挺身而出還是從此沉淪，這是最考驗人性的時候。你可以面對自己，陷入悲傷和痛苦中不能自拔，直到被它們征服。你也可以望向上帝的宇宙，像詩人那樣大喊：

無盡的夜空將我籠罩，
漆黑如萬丈深淵，
我感謝與我同在的神，
因它賦予我不屈的靈魂。

除非被自我放逐，否則一個人永遠不會被幸福拋棄。這位女士聲稱自己被放逐離開家園，也失去了幸福。但事實上，如果她仔細審視自己，就會發現很多事情可以減輕她的痛苦和失望。在她所處的環境中，有很多東西足以讓許多人羨慕。她身心健康，感官靈敏，能夠自由呼吸新鮮空氣，享受溫暖的陽光和自然美景。

其實我們越接近自然，就越有機會積聚力量。因為力量來自於土壤、來自於陽光。鄉村是力量與美的源泉。有多少人患有各種身體或精神疾病，被困在城市中，沒有機會欣賞鄉村的景色。他們多麼羡慕這位女士，能夠自由自在地接觸自然、近距離地研究自然。

她承認有一些人愛她，儘管距離遙遠，與這些人交流是她的快樂來源。她也許沒意識到有多少人渴望著愛，有多少人在這個世上沒有親人、沒有任何人在乎他們。儘管她孤獨失望、艱苦克難，她依然有機會過上成功美好的生活。

以何種方式面對大小問題是對我們勇氣的考驗。請記住，我的朋友，無論你身在何處，無論環境如何，你都應該堅守崗位，盡忠職守，做一個真正的人，而非像豬一樣抱怨嘆息。無論如何，你都應該履行使命，勇敢地面對困難，堅強、勇敢、開心地面對人生的挑戰，這是每個人的責任和使命。

夢想的破滅是很嚴重的，但找回夢想的唯一希望就是盡最大的努力勇敢面對困境。並不是每個人都會經歷這種考驗，大多數人只是遇到一些小挫折。不幸的是，一點小失敗、一次挫敗，就讓很多人忘記了以前美好的時光，就像一場暴雨讓很多人忘記了幾個月的晴天。一點烏雲似乎遮住了整個天空，擋住了所有陽光和美好。如果我們也像梭羅 (Henry David Thoreau) 那樣放眼世界，而不只看到表面的一點小事，一切就會有意義、物盡所值。

想像日常生活中發生的事情，能有多少英雄偉業、非凡的機遇和不尋常的經歷呢？許多好人一生並沒遭遇過神麼不幸，或做了什麼超凡脫俗、了不起的大事，他們只是隨遇而安、把握機會，以彬彬有禮、溫柔善良、隨時隨地幫助人的行為，作為他們一生的習慣並加以實踐，讓自己變得堅強、無私，成為真正高貴的人。

生活中的微小事情，很容易被人們忽略，但其實它們有著不凡的意義。它們可以塑造我們的性格，鍛鍊我們的意志，更重要的是，塑造我們真正的男人和女人的形象。

或許你的名字和面孔永遠不會出現在報紙雜誌上，但你每天都有機會過著美好、有益的生活。英雄的美德、勇氣、堅忍和無私不僅表現在戰場上，也可以表現在家庭、商店、工廠和市場等地方。

人生中能夠做出驚人英勇壯舉的機會或許只有一兩次，甚至可能沒有機會，但我們可以每天實踐那些長遠看來意義重大的小小善舉、禮貌友善的行為。只有這些行為能夠塑造我們的人格，讓我們的生活變得美好而高貴。聚沙成塔，集腋成裘，積少成多可以成為偉大。這些行為不會像身體上的英勇無畏那樣獲得獎牌，但它們贏得的是更有價值的東西，這就是從日復一日的默默奉獻中汲取的力量。

第二十四章　蜜蜂教給我們的

有人說，蜜蜂之所以擁有高度的智慧，是因為單獨的一隻蜜蜂沒有釀造蜂蜜的能力，只有在群體中彼此合作才能發揮生產力。如果蜂群被分開，每隻蜜蜂開始獨自生活，牠們不但無法釀造蜂蜜，連生存也受到威脅。僅靠個體的能力，牠們將死於飢餓。

在一蜂房中，蜂群有著明確的目標，大家朝著目標共同努力，否則將自食其果。舉例來說，如果一隻蜜蜂沒有把帶回來的蜂蜜作為共同的利益儲存起來，而是獨自吃掉，牠就會被其他蜜蜂螫死。

因此可以說，單獨一隻蜜蜂缺乏目標、計畫和智慧，而離開同伴後也變得毫無用處和無助。

這個關於蜜蜂的道理同樣適用於人類。一旦離開社群，失去了社會提供的種種便利和設施，個人便會感到無助。個人的力量依賴於整體，因為我們都是整體的一部分。

一個村莊或鎮區的整體智慧遠超過它所組成的個體智慧。因此，人們通常會選擇一個團體來提供公共服務，而不是採用每個人的個人意見。

歷史經驗告訴我們，人類有興盛也有衰敗。歷史上每一次真正的進步莫不是建立在人類博愛原則的基礎上——人們為共同的利益而努力。

歷史上進行過多次社會實驗，讓少數人脫離社會，仿照「布魯克農場」模式建立一個高尚的社區，這些實驗最終都失敗了。理論上，這些由高尚的、智慧的、勤勉的人們組成的團體應該能形成一個理想的社會狀態。但這種脫離社會的實驗，最後都以失敗告終。

實際情況是我們要在一個集體裡面互相幫助。不倫是誰，獨自一人就無法成為一個完整的人，離開了人群擇意味著失敗的開始，這是自然法則。沒有人能夠永久地與他人隔離而不受衰弱的影響。即使一個人再聰明能幹，也必須與他人接觸，才能保持力量和活力。此外，與更多的人建立連繫才能夠獲得最大的發展和擁有豐富的人生。與社會隔離等同於隔離了力量的來源，失去了帶來力量和豐富經驗的人脈。可以說，一個人與群體的連繫越密切，其力量也就越強大。

舉例來說，如果一位作家若與世隔絕，很快就會失去精神上的活力，大腦持久力會下降，一切都會逐漸衰退。如果自我封閉的時間過長，作家的作品也會變得平淡無味。

大腦需要新的刺激，需要大量新鮮的經驗作為營養。我們必須接觸新的人、到不同的環境中去，與世界交融，才能夠實現自己的社會功能。這是自然法則，違反它的懲罰就是精神的癱瘓。

作家的這個情況同樣適合於各行各業的人。與世隔絕的人就是一隻斷了線的風箏。我們的絕大部分力量來自於與人的接觸交往當中，它並來自於自身，只有與他人緊密接觸時，這些力量才能夠成為你的。

阿爾伯特．哈伯德曾說過：「人只有透過團結合作才能取得成功。如果失去了同伴，人的抱負、理性和勇氣都將消失殆盡，就像死去一般。工作是與他人直接交流的過程，支撐人們的是對別人有用、能為他人做點什麼的想法。」

自然就如此奇妙，它把人這樣緊緊地綁在一起，從而打敗了人類進步的最大敵人——自私自利。

當蜜蜂不為集體勞動時，可以被剔除掉。但人類卻不會這樣對待自私的個體。不過需要明白的是，自私的人最終將自食其果，就像慷慨大度的人會得到回報一樣。因為一個人幫助他人越多、與他人接觸越密切，他成長和發展的空間就越大，他得到的愛和能力也越多。而與人隔絕的自私的人缺乏對鄰居的同情心，試圖給的最少得的最多，因此，他的領域不斷收縮，能力被剝奪，最終嘗到自私自利的苦果。

很多人不知道，我們不是獨立的個體，而是宇宙中的一分子。這個宇宙不僅包括地球上的人類，還有其他星球上無數的生命。它的浩瀚恢宏超乎想像。當我們想到像地球這樣的成千上萬的星球會被太陽表面的所謂「太陽黑子」吞噬，而太陽只不過是宇宙天體中微不足道的一粒塵埃，我們才能真正理解宇宙的宏偉和地球的渺小。

這種思想認為，宇宙中只有一個原則、一個生命、一個真理，那就是神的仁慈和恩惠。這是一個最能給人以鼓舞和激勵的思想。當我們意識到我們與鄰人實為一家時，就不能不去愛人如同愛己。對這種聯合和一體的無知，會導致對生活的錯誤看法，使我們變得自私，只想從別人那裡掠奪，因為我們不知道他就是我們自己。

愛是偉大的啟發者，是心靈開啟的關鍵。它將社會連接在一起，是和平與和諧的源泉。如果從小就教育孩子們愛人類、愛所有國家和人民，不僅是自己的祖國和人民，那麼世界上就不會出現戰爭。正在發生的戰爭也教育我們，人類是休戚相關的，傷害一個就是傷害全部。我們全都在某種程度上受到戰爭的影響。幾個世紀以來，人們嘗試了憎恨、戰爭、屠殺等手段，然而暴力總是以失敗告終。試驗各種方法均告失敗後，人類發現，愛是最有效的方法。它是唯一能夠消弭世界上戰爭、紛爭、憎恨、報復、自私和貪婪的方式，這是一個適用於所有情況的原則。

菲利普斯．布魯克斯說過：「如果一個人無法感受到他的生命與全人類息息相關，那麼他將無法達到真正的偉大。」如果我們不能克服欲望，不以任何以鄰居為代價的方式為自己謀取利益，或不占別人的便宜，那麼我們甚至無法成為真正的人，更不要說成為偉大的人了。只有當我們以同樣的態度對待他人，就像對待自己一樣，我們才能找到真正的成功和幸福。

第二十五章　愛的方式與聖誕禮物

一個耶誕節購物季節期間。我看到一對衣衫破舊的兄妹站在一家玩具店的大櫥窗前，他們渴望地注視著裡面的玩具。我偶然聽到哥哥對妹妹說：「小妹，我多麼希望買那個娃娃送給妳，妳從未擁有過娃娃呢。我真希望有足夠的錢買給妳呀！」

這樣的場景經常讓我感到心痛，因為在聖誕節期間，像這樣的窮孩子們都非常渴望擁有裝飾一新的櫥窗裡的娃娃、玩具和其他美麗的東西，但他們卻從未擁有過這些東西。如果他們能夠擁有一些這樣漂亮的東西，他們一定會非常高興。然而，窮孩子們知道，這些東西他們永遠都不會擁有。

同樣可憐的是那些母親們，她們多麼希望能買給孩子們渴望已久的禮物來增加節日的喜慶。當我看到那些不得不放下孩子到外面做刷洗工作的婦女，胳膊上挎著水桶，熱切地望向聖誕櫥窗的時候，我能讀懂她們的內心，她們多麼希望能把這些東西帶回家給可愛的孩子們，但她們非常清楚，即使她們辛勤工作到手指都剩下骨頭，也無法讓孩子們得到這些東西。

我們都在望向生活的櫥窗，渴望得到陳列在內的美麗物品，渴望得到能帶給我們快樂和幸福的東西。即使那些已擁有大量物質財富的人，也會在耶誕節期間手握著錢袋，難以拒絕自己對奢侈品的渴望。在這個節日裡，誘惑無處不在，我們可能會買下許多並非必需的東西，甚至為此負擔不必要的支出。但是，有些購物方式能夠讓我們雙贏。學會對自己的私慾說「不」，拒絕那些我們想要但並無實用價值的物品，這能幫助我們樹立堅毅和美好的品格。

讓富裕的人減少花費在華而不實的物品上，把這些錢用於真正需要幫助的人身上，這是一種真正的慷慨。許多人在耶誕節後會有這樣的感受：如果不是怕得罪朋友，他們寧願把那些禮物扔進垃圾桶裡。在不少家庭中，我們可以看到許多不實用而占空間的裝飾品堆積在桌子和壁爐上，造成不必要的困擾。這是因為接受禮物的人不敢把它們扔掉或移開，害怕傷害贈禮者的心情。

現在，我們可以做出這樣的分析，與其花錢和時間買一些毫無用處的東西，讓那些富有的人感到尷尬，不如拿這些錢做點好事。幾乎每家都有一些扔在一邊的書籍、玩具、圖畫，穿小了的衣服，各式各樣的東西，我們或許不再需要，但卻可以讓一個貧窮的母親和許多小孩過一個快樂的節日。

能夠給予是我們的權利，在給予時不要忘了那些孩子和他們的母親，即使在富有的美國，他們也在熱切地盼望著能夠擁有聖誕樹窗中他們應該有卻買不起的東西。

擁有卻不給予，或是給予時心存吝嗇、不情願，或者只是給那些我們期待得到回報的人，這些都不是博愛的表現，反而是受人鄙夷的。愛默生曾說：「只接受恩惠而不給予的人是卑劣的，那是世上唯一卑劣的事情。按照自然規律，我們可能無法給予那些曾施恩於我們的人以回報，但我們收到的恩惠一定要施捨下去，一點一滴地給予他人。要小心不要讓手裡握著太多的好處，它們會迅速腐壞，生出蟲子來。快快以某種方式將它們送出去吧！」

當我們的同情心愈加寬廣，開放狹隘生命之門，與那些受苦受難之人共進博愛世界，更深刻感受到施比受更有福之道。我們都有責任在所能之處幫助兄弟承擔重擔。

應當堅信，愛總會尋找到表達的方式。有一個動人的故事：一個小女孩想送一件聖誕禮物給她的祖母，但她只有三便士。當她苦想如何用這一點錢買禮物時，忽然有了一個好主意。她用一便士買了一張紙和信封，再用兩便士買了一張郵票。在信中，她寫道：「親愛的奶奶，我沒有禮物可以送給您，但是我愛您，愛您，愛您，給您一百個吻。」這位祖母在許多珍藏品中收到這封童心未泯的信，據說這是唯一讓她感動得淚流滿面的禮物。她小心翼翼地把這封信和她已故孩子的一縷頭髮，以及其他一兩樣無價之物珍藏起來。

我認識一位貧困的女人，她在物質上無法給予任何幫助，但她以自己獨特的方式給予他人的愛比我所認識的任何人都豐富。在聖誕節前夕，她走訪了許多貧困的家庭，盡力給那些患病、殘疾、絕望、不幸的人們帶去鼓勵和安慰。她給予的愛、同情、勉勵、陽光和美好情感，讓他們感覺到她的出現讓他們變得富有，比得到許多物質禮物更有價值。相較於這位女士所提供的，單純的物質物品看起來很冷漠、缺乏同情心。

沒有人太貧困而無法給予。有愛就有可以給予的東西，因為「愛永遠不會失敗」。但當愛失去時，我們才真正變得貧困。

即使基督一千次，
出生在伯利恆，
若他不生在你心中，
你的靈魂只有孤寂清冷。

電子書購買

國家圖書館出版品預行編目資料

25 種溫柔表述，揮別遺憾的過往：家庭關係 × 職場人際 × 生活哲學，以柔情灌溉蒼白的心田，拯救麻木不仁的自己 / [美] 奧里森 · 馬登（Orison Marden）著 崔曉翠 譯 . -- 第一版 . -- 臺北市：崧燁文化事業有限公司 , 2023.08
面；　公分
POD 版
ISBN 978-626-357-514-1(平裝)
177.2　　112010890

25 種溫柔表述，揮別遺憾的過往：家庭關係 × 職場人際 × 生活哲學，以柔情灌溉蒼白的心田，拯救麻木不仁的自己

臉書

作　　者：[美] 奧里森 · 馬登（Orison Marden）
翻　　譯：崔曉翠
發 行 人：黃振庭
出 版 者：崧燁文化事業有限公司
發 行 者：崧燁文化事業有限公司
E-mail：sonbookservice@gmail.com
粉 絲 頁：https://www.facebook.com/sonbookss/
網　　址：https://sonbook.net/
地　　址：台北市中正區重慶南路一段六十一號八樓 815 室
Rm. 815, 8F., No.61, Sec. 1, Chongqing S. Rd., Zhongzheng Dist., Taipei City 100, Taiwan
電　　話：(02)2370-3310　　　傳　　真：(02) 2388-1990
印　　刷：京峯數位服務有限公司
律師顧問：廣華律師事務所 張珮琦律師

定　　價：299 元
發行日期：2023 年 08 月第一版
◎本書以 POD 印製